D1573461

Jakob Bidermann S.J.

COSMARCHIA
Sive
MUNDI RESPUBLICA

Desumpta ex Parabolâ Barlaami, quam Josaphato dedit in exemplum de Bonis in Caelum praemittendis, *Ex S. Ioanne Damasceno in Vitâ Barlaami et Iosaphati, c.14*

Aus dem Lateinischen übersetzt
von Christian Sinn

EDITION ISELE

Die Reihe »Bibliotheca suevica«
wird herausgegeben von
Ulrich Gaier, Friedrich Pfäfflin,
Hans Pörnbacher und Wolfgang Schürle
mit Förderung der Oberschwäbischen Elektrizitätswerke (OEW)

Der Abdruck des lateinischen Textes
folgt der Ausgabe *Ludi theatrales II. 1666.*
Das Original befindet sich in Privatbesitz.

Alle Rechte vorbehalten
© Edition Isele, Konstanz/Eggingen 2002
Druck: Gulde Druck, Tübingen
ISBN 3-86142-259-X

Bibliotheca suevica

Die Buchreihe »Bibliotheca suevica« setzt sich als Aufgabe, aus den Schätzen der Literatur von und aus Schwaben lesenswerte Texte erstmals zu veröffentlichen oder wieder zugänglich zu machen, die als Handschriften in Archiven oder als Rara in den Bibliotheken schlummern.

Die Herausgeber wollen mit dem Bemühen um lesefreundliche, wissenschaftlich fundierte und kommentierte Ausgaben das Bewußtsein einer von den Minnesängern des Mittelalters bis in unsere Zeit lebenden kulturellen und literarischen Tradition wachhalten und fördern. – Angeregt wurde diese Buchreihe von den Oberschwäbischen Elektrizitätswerken (OEW), die sie weiter unterstützen wollen.

Prof. (em.) Dr. Ulrich Gaier	Prof. (em.) Dr. Hans Pörnbacher
Universität Konstanz	Universität Nijmegen
Dr. h.c. Friedrich Pfäfflin	Dr. Wolfgang Schürle
Marbach am Neckar	Vorsitzender der OEW

Inhalt

COSMARCHIA *Oder* Welt-Herrschaft 9

Akt I. 21

Akt II. 41

Akt III. 57

Akt IV. 75

Akt V. 91

Anhang

Kommentar 117

Nachwort 127

Literaturhinweise 143

COSMARCHIA
Sive
MVNDI RESPVBLICA.

Defumpta ex Parabolâ Barlaami, quam Jofaphato dedit in exemplum de Bonis in Cælum præmittendis, *Ex S. Ioanne Damafceno in Vitâ Barlaami & Iofaphati, c. 14.*

ARGUMENTUM.

*A*iunt alicubi Infulam effe prædivitem auri, uberem glebâ, omni rerum copiâ abundantem, & in eâ Vrbem, quam Cofmopolin dicunt; cujus Cives Cofmopolitani contra leges aliarum Gentium, morem habent, jam inde à Majoribus acceptum, ut quotannis novum fibi Regem faciant, nullo delectu, fed quem fors obtulerit, obvium quemvis ex Advenarum turbâ; qui ubi annum in Regno exegerit, folio dejectus, in quandam Infulam, fterilem, ac rerum omnium indigentem procul expellitur. Id cùm poft anni fui decurfum contigiffet Adoceto cuidam, annali Regulo,
eodem

COSMARCHIA
Oder
Welt-Herrschaft

Der Parabel entnommen, die Barlaam Josaphat als ein Beispiel gab, wie man Güter zum Himmel senden kann. Aus S. Iohannes Damascenus' *Das Leben von Barlaam und Josaphat, Kap. 14.*

INHALT[1]

Es ist überliefert, daß es irgendwo eine Insel gebe, die nicht nur an Gold und Erde reich sei, sondern Überfluß an allen Vorräten habe, mit einer Stadt, Cosmopolis[2] genannt. Den Gesetzen aller anderen Völker zuwider haben die Cosmopoliten die Gewohnheit von ihren Vorfahren übernommen, daß sie sich jedes Jahr einen König verschaffen, den sie nicht etwa aus ihrer Mitte wählen, sondern ihn blind aus denjenigen Fremden aussuchen, die sie besuchen. Dieser wird, wenn sein Jahr der Herrschaft vorüber ist, abgesetzt und ohne Vermögen auf eine unfruchtbare Insel ausgesetzt. An eben dem Tag, da ein gewisser Adocetus[3] als so ein Jahresfürstlein

eodem die electus est consensu Civium homo juvenis, Promethes nomine, ex infimâ plebe opificum, nihil minùs quàm de Regno cogitans, ut qui nullum unquam Regem viderit nec sciverit in Mundo Reges esse. Hic licet suffragijs Civium mirè conspirantibus diu fuisset refragatus; tandem tamen vim inferentibus impar fuit, coactusq̃, est demum frena Regni capessere, & vel invitus felix esse, atq̃ imperare. Pauci menses in abundantiá rerum omnium & secundissimo faventis fortunæ cursu celeriter transierant, cum Promethes in Adulatorum turbâ, intérq̃ ficta obsequia Civium, homo candidus, sensim insuescere Regno, & statum præsentem minùs jam odisse minúsq̃, quàm initio, molestè ferre, crederéque paulatim cœpit, haud paulò suavius esse, Regem opulentum in purpurâ, quàm opificem sordidum in vili lacernâ agere. Inter hæc cùm aliquando, post regiæ mensæ dapes paulò liberalius sumptas, Rex novus, suóque judicio jam beatus, prodiret cum aulico comitatu animi causâ in vicinam Vrbi sylvam, & secutus amœna solitudinis, seorsim nonnihil à suis in intimum nemus sese solus inferret, accidit, ut fortefortuna inciderit in hominem mendicum, macie pædoréque miserè confectum. Ex hoc post longa colloquia cognoscit, quod antea ignorabat, qui mores sint Cosmopolitarum, & quomodo hi Reges suos tractent, ubi primum in Regno annum suum peregerint. Nemo, inquiebat mendicus, me melius

L 2

nosse

seines Amtes enthoben wurde, wurde ein junger Mann namens Promethes von den Bürgern einstimmig als sein Nachfolger bestimmt. Als Handwerker aus der untersten Schicht, der noch nie einen König gesehen hatte, geschweige denn sich das Königtum vorstellen konnte, wußte Promethes nichts über die Welt-Herrschaft. Obwohl er lange dem einmütigen Verlangen des Volkes widerstand, war er doch schließlich dessen Druck nicht gewachsen, so daß er sich zuletzt wider Willen zu seinem Glück zwingen ließ, die Zügel der Herrschaft zu ergreifen. Nach einigen schnell verstrichenen Monaten totalen Überflusses und außerordentlich begünstigt durch das Glück, gewöhnte sich der zuvor aufrichtige Mensch Promethes, von einer kriecherischen Meute umgeben und inmitten devoter Schmeicheleien, langsam an die Herrschaft. Schon haßte er seinen gegenwärtigen Zustand weit weniger als zu Anfang und allmählich begann er zu glauben, daß es viel angenehmer sei, in prächtigen Purpurgewändern zu herrschen, als im billigen Mantel ein schmutziges Handwerk treiben zu müssen. Eines Tages, bald nach einem aufwendigen Herrschafts-Essen, erging sich der neue, nach seinem eigenen Urteil schon glückliche König mit Mitgliedern des Hofes zum Vergnügen in dem der Stadt benachbarten Wald. Getrieben vom Wunsch nach süßer Einsamkeit ließ er die Seinen hinter sich und stieß allein in die Tiefen des Waldes vor. Da geschah es durch eine glückliche Schickung, daß er auf einen schmutzigen und abgezehrten Bettler traf. Aus einer langen Unterredung mit diesem lernte er, was er zuvor ignorierte: Wie die Gewohnheiten der Cosmopoliten sind, und wie sie ihre Könige behandeln, wenn diese am Ende ihrer Jahresherrschaft zugrunde gehen. »Niemand«, sagte der Bettler, »weiß besser

nosse potest, quid sit Cosmopoli Regem esse. Nam ut scias, ô Rex, ego, ego sum Adocetus ille, cui tu in tristissimum exilium relegato, non longè antè in Regnum successisti. Quod ergo tu nunc es, ego nuperrimè fui; & quod nunc ego sum, ne dubita, te paulò pòst futurum. Non mutant ingenium Cosmopolitæ, nec ab avitis moribus vel latum ungvem discedere nôrunt. Regem annare volunt, non perennare. Vbi primùm anni istius brevis circulus sese evolverit, tu peractam eodem momento fortunam tuam puta; Tum tu collige sarcinulas, & exi. Quanquam ne hoc quidem concedetur tibi, ut colligere ex Regni tui reliquiis sarcinulam possis; solum id efferes, quod intulisti, nec alius exibis, quam intrasti; reddentur tibi centones tui: & velut in Comœdiâ, remoto sipario, excedendum è Theatro, & rectà migrandum ad Gyaros, ubi reliquum miserabilis vitæ in exilio erit exigendum; atque illic breves delitiæ, longis & inevitabilibus ærumnis expiandæ, nisi tu remedium à Sapientiâ petas, & a me, Rege mendicorum, discas, quo pacto ultima mendicitatis mala evadere Rex possis. Sæpe obsecro exemplo meo, & patere, ut mea fortuna sit Magistra tuæ, certus non aliam tuam sortem fore, quàm mea nunc sit, quàm omnium ante nos Regum fuerit. In hos centones è purpurâ redibis, neque te vestiet deinceps Vermis Indicus; sed tu ipse innumeris Vermibus pabulum fies, quemadmodum me esse vides. Sed remedium, ut dixi, in tua

als ich, was es bedeutet, in Cosmopolis König zu sein. Damit du es nämlich wissest, o König, ich, ich bin jener Adocetus, dem du bald darauf in der Herrschaft folgtest, nachdem er in das bitterste Exil verstoßen wurde. Was du nun bist, das war ich vor kurzem, und das, was ich bin, – zweifle nicht! –, das wirst du bald werden.⁴ Die Cosmopoliten ändern niemals ihren Geist, noch wissen sie, von ihren alten Gewohnheiten auch nur einen Fingerbreit⁵ abzuweichen. Sie wollen temporäre, nicht dauernde Herrscher. So bald dein erstes, so kurzes Jahr ausgelaufen ist, in eben diesem Moment endet dein Glück. Dann nimmst du dein Handgepäck und gehst. Jedoch wird dir nichts anderes zugestanden, als daß du aus deiner Herrschaft das Handgepäck zusammensuchen kannst. Du nimmst nur mit dir, was du mitbrachtest, nicht anders wirst du ausziehen, wie du gekommen bist. Deine Lumpen werden dir zurückgegeben. Wie man in einer Komödie, wenn der Vorhang gefallen ist, aus dem Theater geht, genau so muß man aus Cosmarchia nach Gyaros⁶ wandern, wo dann der Rest dieses erbärmlichen Lebens hingeschleppt werden muß. Du wirst dort für deine kurzen Freuden mit langer, unausweichlicher Mühsal büßen, wenn du nicht klug ein Mittel erwirbst, und von mir, dem König der Bettler, lernst, wie du den Übeln der schrecklichsten Armut entgehen kannst. Ich beschwöre dich, aus meinem Fall zu lernen, denn ich bin sicher, daß du sonst mein Los und das Los jedes Königs vor uns teilen wirst. Anstatt in der Seide von Würmern gekleidet zu sein, wirst du wie ich als Futter für Würmer dienen. Aber das Hilfsmittel, wie ich sagte, ist in

tuâ tibi sapientiâ situm, quod mihi quoque in promptu erat, si mens non læva fuisset, & fortuna blandiens bonam mentem & omnem rectè agendi facultatem non ademisset, quam tibi adhuc reliquam fecit, modò tu eâ uti, & sapere alieno malo in animum inducas. Age nunc ergo, & quid te facere velim, quodque ego ipsus facerem, si adhuc integrum foret, attentè considera. Ecce, quicquid opulentiæ & thesaurorum habet Cosmopolis, id totum nunc tuum est, quomodo & meum fuit. Nihil est in omni Regiâ regnóque, quod tibi non tradiderint Cives cum ipso Regno. Tua sunt omnia illa, nec tu cuiquã injuriam facis, si rebus his tuis è re tuâ uteris; quod fiet, si primo quóque tempore aurum omne, gemmásque & quidquid pretiosum moveri loco potest, per fidos homines transferri cures in locum futuri exilij. Fidos autem homines cave tu quæras Cosmopoli, quia nullos invenies; erunt proinde tibi è patriâ tuâ accersendi. Quod si ego fecissem, non tu nunc Rex brevis, non ego in miserandis his sordibus perpetuò mendicus forem.

At Promethes his monitis sapientibus instructus, probéque edoctus, quid sibi post anni brevem periodum sit expectandum, Adoceto liberaliter donato, redijt ad suos, & mox cum ijs ad Palatium, altè dissimulans, quid in intimo nemore in scholâ mendici didicisset. Tum nullâ morâ interpositâ confestim Cognatorum fidissimum quemque è Pa-
tria

deiner eigenen Klugheit gelegen, das auch mir zugänglich war, wenn mein Geist nicht ungeschickt gewesen wäre, wenn das Glück ihm nicht geschmeichelt und ihn aller Urteilskraft beraubt hätte. Dir aber ist sie noch erhalten, wenn du nur daraus Nutzen ziehst, und dich entschließt, aus fremdem Übel zu lernen. Handle nun also und erwäge aufmerksam das, was du tun sollst, wie auch ich handelte, wenn ich es noch könnte. Siehe, daß aller Wohlstand und Besitz, über den Cosmopolis verfügt, nun dir vollständig gehört, wie er einst mir gehörte. Es gibt nichts im Königsschloß und dessen Gebiet, was die Bürger dir nicht zum Besitz übereignet hätten. Dir gehört alles, und du begehst kein Unrecht, wenn du deinen Besitz zu deinem Nutzen gebrauchst. Soweit möglich überführe sogleich durch vertrauenswürdige Menschen alles Gold, die Juwelen und andere Kostbarkeiten ins zukünftige Exil. Hüte dich aber, verläßliche Helfer bei den Cosmopoliten zu suchen, weil du dort keine finden wirst. Sie müssen aus deinem Vaterland berufen werden. Wenn ich selbst solche Maßnahmen ergriffen hätte, wärest du kein König auf kurze Zeit und ich würde nicht für immer ein Bettler in solchen schmutzigen Fetzen sein müssen.
Nachdem Promethes Adocetus für die Lehre seiner weisen Mahnungen und die gründliche Vorbereitung auf das, was ihn nach seiner kurzen Zeit der Herrschaft erwartete, reich belohnt hatte, kehrte er zu den Seinen zurück, und ging mit ihnen zum Palast zurück, ohne ihnen das Wissen mitzuteilen, das er in der Waldschule des Bettlers erworben hatte. Ohne Verzögerung holte er seine besten Freunde, die ebenfalls fleißige Menschen waren, aus seinem Vaterland.

triâ evocavit, pérque eos, ut erant homines industrij, nihil advertentibus Cosmopolitanis, regni totius opes, gazámque omnem, ab vetustis Regibus reconditam, jumentisq́ plurimis impositam deferri in illam insulam desertam jussit. Sensum fraudis ademerat civibus benevolentia Regis, quâ omnes singulósq́ complexus, effecit, ut in omnium esset amoribus. adeò ut hunc Regem retenturi fuerint, si vel semel sapere voluissent. Cæterùm Promethes ex immensis illis opibus conscribi quantum maximum potuit, exercitum jussit, non operæ, non sumptui parcens, magno confluxu virorum fortium ex omni circùm viciniâ. interim circumactis mensibus finitur annus, & cum anno Regnum. Nam subitò coorti Cives, etiam quem amabant, invadunt inopinantem, uti putabant, & direptis Regni insignibus simulato pavore trepidantem solio deturbant. O quantillùm interest Regnum inter & exilium! una eadémq́ dies Promethem Regem vidit & exulem, sed exulem se Rege feliciorem. Nam posteaquam in Insulam venit, Regnum paulò antè amissum, ibi demum verè invenit, Dúxq́ invicti exercitûs factus, copias ingentes, à suis interim comparatas instructásque repente Cosmopolim rapit, ubi magnâ Civium editâ strage potitus urbe & regno, deinceps non precarium, sed legitimum ac perpetuum se Regem tulit, perfidiâ Cosmopolitanorum justâ servitute mulctatâ, regnóq́ universo Belli jure subacto; sed tamen insigni do-
cumen-

[164]

Er wies sie an, den ganzen Besitz des Königreiches und alle Schätze, die die früheren Könige versteckt hatten, durch Tragtiere heimlich auf die öde Insel zu bringen. Die Bürger waren durch das Wohlwollen des Königs in Selbstzufriedenheit gewiegt, das sich auf alle und jeden erstreckte und ihn so sehr liebenswürdig machte, daß sie ihn als König behalten hätten, wenn sie nur gewußt hätten, wie dies gegen ihre eigenen Prinzipien möglich sei. Weiter ordnete Promethes das größtmögliche Heer an, das er mit solch immensen Vermögen erstellen konnte. Weder Kosten noch Mühen wurden gescheut, von überall her die besten Soldaten anzuwerben. Inzwischen war das Jahr und mit ihm das Ende der Herrschaft erreicht. Denn bald, obwohl sie ihn doch liebten, erhoben sich die Bürger gegen ihn und wähnten, er sei unvorbereitet. Er gab vor, sich zu fürchten, als sie ihm die Insignien abrissen und vom Thron stießen. Wie wenig trennt die Herrschaft vom Exil! Ein und derselbe Tag sah Promethes als König und als Ausgestoßenen, aber den Ausgestoßenen als glücklicheren König. Denn nachdem er auf die Insel kam, fand er die Herrschaft, die er kurz zuvor verloren hatte, dort erst in Wahrheit wieder. Als Führer vieler unbesiegbarer Truppen, die von seinen Freunden inzwischen angeworben und ausgerüstet waren, eroberte er schnell Cosmopolis, dessen Einwohner er niedermetzelte. Im Besitz der Macht war er nicht länger Bittsteller, sondern legitimer, ewiger König, der die Perfidie der Cosmopoliten mit angemessener Knechtschaft bestrafte und seinen ganzen Herrschaftsbereich dem Kriegsrecht unterwarf. Er ist gleichwohl ein ausgezeichnetes

cumento cunctis regibus, ut discant, quantum
fortunæ suæ fidere, & quo pacto regnorum opibus
uti, eásque cogere debeant, ut serviant æternitati.
Alioquin sedent in auratis solijs semidei Reges,&
adorata populis capita lentè & cum supercilio, nec
sine affectato fastidio circumagunt, neq, recordan-
tur,interim suum annum quoq, paulatim circum-
agi, & Cosmopolitas, purpureos fortunæ pullos ul-
tra destinatum breve spatium ferre non posse,quin
repentè miseros Reges in suâ felicitate natantes, ne-
que ejusmodi quidquam suspicatos adoriantur,solio
quantumvis repugnantes proturbent, regno elimi-
nent, in Insulam, sanè parùm fortunatam ablegent;
quò nisi præmiserint ea, quibus in Regno abunda-
bant, & quibus plerumque perperàm utebantur,
nihil prohibebit, quò minùs fame illic, & illuvie,
squaloréque extremæ mendicitatis sit eis pereun-
dum. Consultò ergo sapientérque fecerint, si Pro-
methem imitati, de regalis fortunæ copijs, quasi
de mammonâ iniquitatis, paraverint sibi amicos,
quorum facultatibus adjuti, illic, quò omnes ten-
dimus, non jam exules, sed veri Reges esse possint.
Sed nunc Promethem ipsum in Theatro spectemus.
Est perbrevis Comœdia, sed si qua alia, spectatu
digna.

L 4 ACTVS

[165]

Beispiel von uns allen, den »Königen«, damit wir lernen, wie sehr wir unser Vertrauen auf das Glück und unsere Güter beherrschen müssen, damit sie der Ewigkeit dienen. Sonst sitzen wir scheinbar göttergleich auf den goldenen Thronen und drehen langsam und hochmütig unsere verehrten Köpfe mit affektiertem Widerwillen, dabei vergessend, daß unser Jahreskreis sich inzwischen auch zu Ende gedreht hat und daß die Cosmopoliten sich weigern, uns Lieblinge des Glücks jenseits der uns gewährten kurzen Periode weiterhin zu ertragen, so daß sie uns erbärmliche Regenten in unserer Glückseligkeit plötzlich wegschwemmen, unseres Amtes entheben werden, wie sehr wir auch widerstehen mögen, und auf eine Insel verbannen, die alles andere als gesegnet ist. Dort wird uns nichts davor schützen, dem Hunger und dem Schmutz äußerster Not zu entgehen, wenn wir nicht die Vermögen unserer Herrschaft vorausgesendet haben, die gewöhnlich bei uns verschwendet werden. Wir sind daher gut beraten, Promethes darin nachzuahmen, daß wir unsere königlichen Glücksgaben, als ob es sich um ungerechten Mammon[7] handelte, dazu verwenden, Freunde zu bitten, die uns zu wahren Königen machten, anstatt zu Exilierten jenes Ortes zu werden, zu dem hin wir alle unseren Weg richten. Aber nun laßt uns Promethes selbst auf dem Theater sehen. Die Komödie ist sehr kurz, aber aller Aufmerksamkeit wert, wenn sich dies von irgendeiner Komödie überhaupt sagen läßt.[8]

ACTUS I.
SCENA I.
POLYTHARSES. SAGARIO. MELISSUS. MOSCUS. ERNIO.

Pol. Ubi est scelus istic, qui hàc se erupit? inquies
Palatij, suspendiarius puer?
Ego illum hodie si videro, non vivam,
nisi:
Ut me protervè adversum aspexit furcifer!
Vir esset, istud mihi ludibrium sanguine
Penderet. Ego Regis sim consobrinus, & adhuc
Ab istis tangi me sinam? aut istos feram
Nisi etiam supplicâssint? infimæ tribus
Plebeiam fæcem; è quâ novissimus modò
Tenebrio, etiam cubitum in me impegit transiens.
Esto autem; id fecerit imprudens: num debuit
Id non cavisse? non excedere de viâ?
Non se uspiam à me auferre? non tam sordidus
Et inconcinnus lixa aliquò sese abdere,
Ne quà venienti occurreret? Inferat pedem
Hodie intrò in aulam! inferat huc, inquam, intrò pedem,
Vivus nunquam indidem efferet. Sed hujus est
Modò satis. Sagario, Mosce, Melisse, Pernio.
Sag. Cum cæteris. Nempe huc nos tu evocasti? Pol.
Nempe vester est

Mos

[166]

AKT I.

SZENE I.

POLYTHARSES.⁹ SAGARIO.¹⁰ MELISSUS.¹¹ MOSCUS.¹² PERNIO.¹³

POL. Wo ist der Schurke, der hier herauslief? Der Ruhestörer des Palasts, der Galgenstrick? Wenn ich ihn heute sehe, ich lebte nicht länger, wenn nicht… Wie unverschämt mich der Schurke anstarrte! Wenn er ein Mann wäre, müßte er mir für diesen Streich mit seinem Blut zahlen. Soll ich als Vetter des Königs mich von so einem Gesindel anfassen lassen? Soll ich etwa die Hefe der Gesellschaft ertragen, selbst wenn sie mich drum bäte? Dieser Schurke niedrigsten Standes rempelte mich grade im Vorübergehen an! Selbst wenn er es nicht beabsichtigte, hätte er denn nicht vorsichtig genug sein können, mir aus dem Weg zu gehen? Mich irgendwie vermeiden können? Sollte nicht ein solcher Abschaum sich verstecken, daß ihm niemand in die Quere kommt? Er setze heute nur seinen Fuß in den Palast! Er setze, ich sag's noch mal, seinen Fuß in den Palast und er wird ihn nicht mehr lebend verlassen! Aber genug, Sagario! Moscus! Melissus! Pernio!
SAG. Sie haben uns anscheinend gerufen?
POL. Anscheinend läßt du

Mos istic: decies advocati, vix semel
Tandem apparetis. SAG. Caput istuc, here, deiero,
Si non citius etiam accurri, quàm te audij.
Quis tandem in exigendo obsequio erit modus,
Si semper istuc? POL. Semper istuc! novi ego
Quid exigam à mancipio herus. Vin' me tuo
Arbitrio imperare? SAG Ut maximè id velim,
Nunquam id fiet. POL. Vel istud, quod mandaveram
Manè, éstne accurratum? SAG. De piscibus! probè.
POL. Muraenas grandiores, jámne etiam, ut tibi
Edixi? SAG. Factum. POL. Nolo aliter ut condias.
SAG. Factum. POL. Nam alij palato servili nimis
Quid approbent, eorum ego judicia haud moror.
Mihi servias volo. Quid jam deinde! Numidicas
Illas nondúmne omnes? SAG. Factum: omnes. POL.
     Indicas
Etiam illas pinguiores? SAG. Factum. POL. & caetera
Quae ex ordine dictavi? SAG. Facta omnia. Nisi quòd,
Dum tecum hîc fabulamur, pereunt omnia.
POL. Abi ergo & porrò cura. Vos autem mihi
Hàc unà comitamini. Oportet vos caetera
Hîc intus instaurare; quae hodie ad Regij
Natalis pompam opus erunt. Nam annus finijt
Hodie, cùm regnum Sobrinus meus adijt;
Epulum idcirco regale dabitur. Jam sumus
Securi satis adversus infortunium.

SCENA II.

PUER.

Miserum me, quàm propinquus funeri fui!
Pedem à me unum mors abfuit. Nihil mei
Superest caloris. Adhuc frigent, adhuc rigent
          Mihi

mich immer zehnmal rufen, bevor du endlich antwortest.
SAG. Sie können meinen Kopf haben, wenn ich nicht schneller liefe als Sie riefen! Wieviel Gehorsam erwarten Sie denn eigentlich mit dieser Maske?
POL. Mit dieser Maske?! Ich weiß als Herr wohl, was ich von einem Diener verlangen kann. Muß ich etwa nach deinem Urteil befehlen?
SAG. So sehr ich das auch wollte, es würde doch nicht geschehen.
POL. Ist das geschehen, was ich heute morgen befahl?
SAG. Die Fische? Absolut in Ordnung.
POL. Große Muränen, wie ich dir sagte?
SAG. Schon geschehen.
POL. Ich wollte sie nicht anders als gewürzt.
SAG. Schon geschehen.
POL. Andere Leute, auf deren Urteil ich freilich nichts gebe, vertrauen dem Geschmack ihres Knechts zu sehr. Ich hingegen will, daß du meinem Geschmack dienst. Nun, was noch? Sind die Numidischen Hühner gebraten?
SAG. Fix und fertig.
POL. Und auch die gemästeten Indischen?
SAG. Auch die.
POL. Und auch die anderen Dinge, die ich im einzelnen angeordnet habe?
SAG. Es ist alles geschehen, wenn es nicht verdarb, während Sie mit uns sprachen.
POL. Dann geh nur und schau danach. Ihr anderen folgt mir. Ich muß mich um die weiteren Details der Feier unseres heutigen Jahrestages kümmern. Da das erste Jahr der Herrschaft meines Vetters endet, geben wir ein königliches Fest. Nun sind wir endlich sicher vor dem Unglück!

SZENE II.

JUNGER DIENER.[14]

So'n dumpfer Scheiß! Macht mich wirklich krank! Ein Fuß im Grab. Kalt von oben bis unten. Ich hab jetzt ne echte Starre.

23

Mihi omnia membra. Ut iræ est impotens suæ
Polytharses? ut repentè, ut sævè excanduit?
Credidi eum mille in prandio Cacodæmonas
Vorâsse, quos in me pro cœnâ revomeret.
Non esuriebam: fugi; gnarus quàm foret
Ingrata satietas ab illis ferculis.
Sed quid agunt illi homunciones? nudius
Tertius è fæce plebis emersi, suam
Continuò originem obliviscuntur. Pudet!
Heri pauper erat urbis mendicabulum
Polytharses iste. Nunc ille ipse, nescio
Quid est, aut esse sibi videtur. Sed nihil
Hîc ego mutibo. Nam simul is resciverit,
Quicquid peccaro linguâ, mox tergo luam.

SCENA III.
MISTHARCHIDES.
Cum suis
TUBICEN. COSMOPOLITÆ.
ADOCETUS,
Cum familiâ.
MAXENTIUS.

MISTH. Jube signa canere; plebem ad arma omnem
evoca.

TUB. COS. Ad arma, cives; arma ad arma. COS. Quis
hostis est.

MISTH. Comitia regni, cives, nova habenda; & vetus
More patrio Rex abdicandus. COSM. Abdica
Tarquinium. Abdica Adocetum, abdica. MISTH. Ho-
die annus est,
Cùm ille insolescit. COSM. Exulet; exulet; exulet:

Wie dieser Typ aber auch in seinem Ärger überreagiert! Keine Geduld hat der! Ich dachte schon, der hätte tausend Dämonen verschluckt und sie ausgekotzt, damit ich sie fressen sollte.[15] Auf so was hab ich echt keinen Bock. Boah, so'n Dünnschiß, endlich bin ich diese Kanaken los. Was die sich eigentlich einbilden? Die ham doch vergessen, daß se gestern selbst noch ganz unten waren. Ekelhaft, so was, brrr! Neulich war Polytharses noch'n Penner. Ich weiß nicht, was er jetzt ist oder was er von sich selbst glaubt. Aber motzen darf man ja nicht, sonst gibt's Schläge.

SZENE III.

MISTHARCHIDES,[16] sein Gefolge.
HEROLD. COSMOPOLITEN.
ADOCETUS,[17] mit Familie.
MAXENTIUS.[18]

MISTH. Das Schlachtsignal ertöne! Das Volk zu den Waffen!
HER. Zu den Waffen, Bürger! Zu den Waffen!
COSM. Wer ist der Feind?
MISTH. Eine neue Volksversammlung ist zu halten, Bürger, und der alte König wird seines Amtes nach alter Sitte enthoben.
COSM. Tod dem Tyrannen![19] Fort mit Adocetus, fort!
MISTH. Heute vollendet sich das Jahr seines Übermuts.
COSM. Verbannt ihn! Verbannt ihn! Verbannt ihn!

Actus I. Scena III.

Abdico Adocetum. Omnem Adoceti stirpem abdico.
Domus omnis; sanguis omnis, exulet; exulet.
Tub. Cos. Ad arma, ad arma, cives. Adocet. Quis populi est furor?
Quæ tam vesana, cives, conclamatio?
In quem tot arma! in quem tot enses stringitis?
Cosm. In Regem. Adoc. Vestrúmne? Cos. Olim nostrum. Adoc. Desij
Ergo ego regnare? nemódum regno exuit.
Cos. Ubi nemo est qui pareat, ibi nemo est qui imperet.
Adoc. Erit. Misth. Exue caput regno. Adoc. Hoc, quod populus dedit?
Misth. Auferre, capiti quicquid ante dedit, potest.
Cosm. Tolle è capite regni hoc insigne. Adoc. Vim facis.
Misth. Mos noster est, & nesciebas? Cosm. Eripe
Sceptium. Adoc. Si hoc usus essem in te, non tolleres.
Misth. Tollo, ne utâre. Adoc. O cives regni perfidos!
Dedistis hæc, ut tolleretis? Cosm. Tollimus,
Quia dedimus. Misth. Spoliate corpus purpurâ;
Nudate; nihil ornamenti relinquite.
Adoc. Per ego vos, cives, per quicquid vobis est sacrum;
Clementiùs sævite. Cosm. Si clementiùs
Agere vellemus, regnum tibi datum haud foret.
Adoc. Hæc igitur mens vestra offerendo in regno erat!
Cosm. Hæc mens, hic mos noster erat. Adoc. Te ego Mistharchides
Per ea, quæ in te bene feci, obtestor; abstine
Hanc hodie injuriam. Misth. Peior beneficijs
Fio; si odisses, hodie mitior forem.
Adoc. Pridem hoc dixisses, fecissem ut jam parceres.
Misth. Mos noster est, simul istud facere & dicere.
Adoc. Aliquid saltem istorum relinque. Misth. Nostra sunt
Hæc omnia. Cosm. Dedimus omnia; tollimus omnia.
Adoc.

Wir verstoßen Adocetus. Wir verstoßen seine Nachkommen, seine Familie, seine ganze Sippschaft! Verbannt sie! Verbannt sie!
HER. Zu den Waffen. Zu den Waffen, Mitbürger!
ADOC. Was soll der Aufruhr? Warum so ein Lärm, Bürger? Gegen wen wenden sich so viele Waffen? So viele Schwerter?
COSM. Gegen den König.
ADOC. Euren König?
COSM. Unseren einstigen König.
ADOC. Habe ich also aufgehört, zu regieren? Niemand hat mich meiner Macht beraubt.
COSM. Wenn keiner gehorcht, befiehlt keiner.
ADOC. Ich will.
MISTH. Herab die Krone.
ADOC. Die Krone, die das Volk mir gab?
MISTH. Was immer es dir gab, kann es dir nehmen.
COSM. Nimm ihm die Krone ab!
ADOC. Du bist gewalttätig.
MISTH. Das ist so unsre Art. Wußtest du das nicht?
COSM. Nimm ihm das Zepter weg!
ADOC. Wenn ich es gegen dich gebraucht hätte, könntest du es nicht bekommen.
MISTH. Ich bekomme es, ohne es zu brauchen.
ADOC. Oh, ihr untreuen Untertanen! Ihr gabt mir diese nur, damit ihr sie zurücknehmen konntet?
COSM. Wir nehmen sie genau deshalb weg, weil wir sie gaben.
MISTH. Nehmt ihm seine Purpurkleider weg! Entkleidet ihn! Laßt ihm kein Zeichen königlicher Macht übrig!
ADOC. Ich bitte euch, Bürger, bei allem was euch heilig ist, rast milder!
COSM. Wenn wir milder sein wollten, hätten wir dich nicht gekrönt.
ADOC. Das also war eure Einstellung, als ihr mir die Krone anbotet?
COSM. Das war unsre Einstellung und Sitte.
ADOC. Mistharchides, gedenke all des Guten, das ich dir tat, – ich bitte dich: Beende diese Gewalt.
MISTH. Guttaten machen mich schlechter. Hättest du mich gehaßt, wäre ich nun lieber.
ADOC. Ich wünschte, du hättest das vorher gesagt. Ich hätte dir garantiert, daß du mich verschontest.
MISTH. Unsre Tradition besteht darin, nichts zu erläutern, bevor wir handeln.
ADOC. Laß mir wenigstens etwas.
MISTH. Uns gehört dies alles.
COSM. Wir gaben alles, also nehmen wir auch alles.

Adoc. Vos ego, Cosmopolitæ, per vestram vos fidem?
Cosm. Nunquam ullam dedimus; neque fidem ullam
   unquam habuimus.
Adoc. Si tales estis, jam ite sanè, non moror,
Nudate corpus, ludite regium caput,
Spoliate regno. Merui talia perpeti,
Qui talibus me credidi. Factum audiant
Hoc posteri, sapiántque documento meo:
Incolumis in exilio forem; periclitor
In regno: pro me dimicarent exteri,
Oppugnant cives. Nôrint sæcula hoc meum
Fuisse crimen; Cives esse credidi,
Qui hostes fuêre. Misth. Vos producite liberos,
Stirpémque regiam omnem; Sentiant patris
Miseri ruinam, illámque adaugeant suâ.
Adoc. Sunt illi insontes. Misth. Sontes jam fecit
   pater.
Adoc. Quo scelere? Misth. Patris. Adoc. Luat ergo
   ipsemet pater.
Misth. Luet. Aoc. Sed solus. Max. Ah, quò me usque
   truditis
Scelesti? quid enim est? quid enim commerui, pater?
Adoc. Mistharchides, etsi ego adhuc non facilè is sui
Qui tibi tuíque similibus consueverim
Quandoque supplicare; tamen si tu is fores
Qui supplicum posses misereri; ego pater
Pro parvulo isto te rogarem; & discerem
Quod nunquam credideram esse discendum mihi,
Tibi supplicarem. Misth. Adhuc tumescis regio
Superbe fastu? Adoc. Si superbiæ meæ
Irasceris; placare: detumuit mihi
Jam omnis. Ne porrò superbiam, tu me doces.
Misth. I, jungere patri. Max. Ah quid aget hic vir!
   mi pater
Quorsum ablegat me? non eo. Adoc. Abire nos jubet;
   Paren-

[170]

ADOC. Bei eurer Treue, Cosmopoliten, ich…
COSM. Wir gaben niemals unser Wort, wir schworen niemals Treue.
ADOC. Dann tut, was ihr wollt. Mich kümmert's nicht. Zieht mich aus. Verhöhnt meine Königswürde. Enthebt mich meines Amtes. Ich verdiene solch Unrecht, weil ich euch glaubte. Ich hoffe, die Nachwelt hört von mir und lernt an meinem Fall. Im Exil wäre ich sicher, während die Herrschaft mich gefährdet. Fremde kämpften für mich; mein eigenes Volk kämpft gegen mich. Zukünftige Generationen werden wissen, daß mein einziges Verbrechen darin bestand, Anhängern zu vertrauen, die Feinde waren.
MISTH. Bringt seine Kinder und seine ganze Familie her. Laßt sie des Vaters bitteres Los spüren und durch das ihre vermehren.
ADOC. Sie sind unschuldig.
MISTH. Ihr Vater machte sie schuldig.
ADOC. Durch welche Missetat?
MISTH. Des Vaters.
ADOC. Dann laßt den Vater büßen.
MISTH. Er wird.
ADOC. Ich meine, er allein.
MAX. Oh, wo schleppt ihr mich denn hin, ihr Bösen? Was geht hier vor? Was habe ich getan, Vater?
ADOC. Mistharchides, so schwer es mir auch fällt, dich und deine Art anzuflehen, wenn du fähig zum Mitleiden bist, dann bäte ich dich um Barmherzigkeit für dieses Kind, dessen Vater ich bin. Ich flehte dich an – etwas, was ich nie für möglich hielt.
MISTH. Bist du immer noch voll königlicher Arroganz?
ADOC. Wenn es Arroganz ist, die dich verdrießt, sei ruhig. Ich bin gedemütigt und du lehrst mich, niemals mehr stolz zu sein.
MISTH. Nun marsch zu deinem Vater.
MAX. Was will dieser Mann, Vater? Wohin treibt er mich? Ich gehe nicht!
ADOC. Er befiehlt uns, zu gehen,

Actus I. Scena III.

Parendum est, nate. Max. Non prohibes vim istam,
pater?
O Numen unicum, tu his eripe me malis.
Ah parce mihi, mi homo, parce. Adoc. Si sensus tibi,
Mistharchides, est ullus, miseresce pueri
Insontis. Cosm. Abige in exilium stirpem impiam
Cum patre. Misth. Excede regno, libera metu
Hanc urbem: gravis es oculis, gravis es auribus.
I, quacunque lubet; tantùm ad nos nunquam redi.
Adoc. Frustra mones. Redirem olim, si denuo
Miser esse vellem. Cæterùm in exilio miser
Ut sim; longè miserior in regno fui.
Misth. Non sentiebas miseriam. Adoc. Nunc sentio.
Misth. Abite infausti. Cosm. Jam omnes felices sumus.

SCENA IV.

MISTHARCHIDES. COSMO-POLITÆ. PROMETHES. APOMISTHUS. PSEU-DOLOGUS.

Misth. Elusimus, cives, ex more patrio
Jam alium aliúmque regem. Restat, quem
alteris
Comitijs sufficere velimus alterum.
Cosm. Ignarum nostri moris opus est quærere,
Nam bene qui nôrit, frustra ad regnum accibitur.
Misth. Frustra? offerunt & ingerunt se plurimi;
Nemo est quærendus; omnes decipi volunt,
Quærúntque insidias ipsi, & in casses ruunt.
Sed enim quis illinc se movet? secedite

Tan-

und wir müssen gehorchen, Sohn.
MAX. Du kannst ihn nicht hindern, Vater? O großer Gott, errette mich aus dieser Not![20] Oh, erbarmt euch, Herr, erbarmt euch!
ADOC. Wenn du noch irgendwelche Gefühle hast, Mistharchides, zeig' Mitleid mit diesem schuldlosen Jungen.
COSM. Verbann' den kleinen Teufel mit seinem Vater!
MISTH. Verlaß' die Herrschaft und befreie die Stadt von Furcht:[21] du tust unseren Augen und Ohren weh. Eile wohin du willst, nur kehre nie zu uns zurück.[22]
ADOC. Keine Sorge. Ich kehrte nur dann zurück, wenn ich wieder leiden wollte. Wie unglücklich ich auch im Exil sein mag, ich war hier in meiner Herrschaft weit unglücklicher.
MISTH. Du warst dir deines Unglücks nicht bewußt.
ADOC. Aber jetzt bin ich's.
MISTH. Hinweg mit euch, ihr Elenden!
COSM. Nun sind wir alle glücklich.

SZENE IV.

MISTHARCHIDES. COSMOPOLITEN. PROMETHES.[23] APOMISTHUS.[24] PSEUDOLOGUS.[25]

MISTH. Gemäß unsrer Tradition, Bürger, haben wir einen König nach dem anderen genarrt. So bleibt für uns nun übrig, zu entscheiden, wer der nächste sein soll.
COSM. Wir müssen nach jemand schauen, der unsre Weltklugheit nicht kennt, denn jeder, der mit ihr bekannt ist, wird umsonst umworben sein.
MISTH. Umsonst? Eine Unzahl schreit danach, von uns geehrt zu werden. Keiner muß gesucht werden. Jeder möchte genarrt sein,[26] tatsächlich hofft jeder in den Hinterhalt gelockt und in Schlingen verstrickt zu werden. Aber wer kommt denn da? Geht zurück,

Tantisper, dum ex occulto quid velit, sciam.
PROM. Patriam, parentes, & quicquid charum fuit
Domi reliqui. Ægrè id quidem. Sed quidnam agas?
Mutandum est juveni coelum; ploret, rideat
Familia. Nunquam enim usquam ullus ne anser quidem
Ibidem hyemat, ubi in stativis fuit; Ego
Solus domi otiosus consenescerem?
Terra exploranda est. Jámque adeò ad loca extera
Primùm perueni: Nec etiamdum displicet
Hæc facies urbis. Ubi siqua est spes gloriæ
Mihi nanciscendæ, patriæ illam præfero.
Unde autem hic accidit mihi fragor? Obviam
Fit urbis turba. Lubet gentem cognoscere;
Miscebor turbæ: MISTH. Regni comitia bene
Felicitérque eveniant; Regem ut patrio
Pro more designemus, qui Rempublicam,
Civésque civiúmque fortunas regat,
Sortitò agendum est. Quare omnes circùm undique
In orbem adstate, cives, accolæ, advenæ,
Promiscuè omnes. Jus idem omnibus incolis,
Et accolis, & advenis, & convenis;
Dum illi Rempublicam omnes incolumem velint.
PSEUD. Sortiar ego primus. Urnam in publico exhibe.
Privatus vivam; obnuntiant sortes mihi.
MISTH. Alij alijque deinceps experimini.
APOM. Non placet hæc regni fortuita sortitio:
Virtuti regnum, non fortunæ defero.
PSEUD. Scilicet ut tu unus arroges tibi civium
Tuorum fasces, quem scimus potentiâ
Niti; & abundare satellitio clientium!
APOM. Scio me suspectum pridem civibus meis;
Mihi sunt & illi. Utrinque ambitionis seges,
Utrinque invidiæ gliscunt. Dum alimus æmulos,
Facimúsque, semper mutuæ lites erunt.
Tollamus è medio mali omnis fomitem:

Ego

[172]

bis ich weiß, was er im Schilde führt.
PROM. Vaterland, Eltern, und alles, was mir lieb war, habe ich hinter mir gelassen. Ungern. Aber was sollst du auch tun? Ein junger Mensch muß in die Welt hinaus, ob ihn nun seine Familie verlacht oder beweint. Nicht einmal eine Gans überwintert dort, wo sie ihr Standquartier hat. Soll ich etwa allein zu Hause müßig hinter dem Ofen alt werden? Die Welt muß entdeckt werden. Ich habe gerade ein fremdes Land erreicht, und die Stadtansicht hier gefällt mir. Welches Land mir auch Aussicht auf Ruhm gewährt, ich werde es meinem Vaterland vorziehen. Woher kommt dieser Lärm? Eine Menge bewegt sich auf mich zu. Ich werde mich unter sie mischen, da ich neue Menschen kennen lernen will.
MISTH. Möge unsere Herrschaftsversammlung erfolgreich sein! Um nach unserer gewohnten Art einen König zu wählen, der über unseren Staat, unser Vermögen und uns selbst herrscht, müssen Lose gezogen werden.[27] Macht alle einen Kreis, Bürger, Nachbarn, Fremde ebenso. Einwohner, Nachbarn, Fremde und Flüchtlinge alle haben dieselbe Chance, vorausgesetzt sie erhalten die Interessen unseres Staates aufrecht.
PSEUD. Ich bin der Erste. Macht die Urne auf. Pech, – ich muß eine Privatperson bleiben. Das Glück ist gegen mich.
MISTH. Einer nach dem andern darf sein Glück versuchen.
APOM. Ich protestiere gegen diese Wahl durch Los. Unser Wohlergehen sollte Kompetenzen, nicht dem Zufall überlassen werden.
PSEU. Ja, ja, damit du nur alles kontrollieren kannst. Wir wissen, daß du nach Macht gierst, mit deiner großen Klientel.
APOM. Ich weiß, daß ich wegen meiner Anhänger schon lange verdächtigt werde, und sie sind mir selbst suspekt. Ehrgeiz und Neid halten sich die Waage. So lange wir nur die Rivalität ernähren, werden wir uns zanken. So laßt uns das Übel an der Wurzel packen,

Actus I. Scena IV.

Ego mihi; vestrûm unusquisque sibi, renuntiet
Spem regni. Neutri obveniat, quicquid invidet
Pars altera alteri. Exteris Respublica
Veteri instituto commendetur, si quibus
Ea vis est animi, moderari ut regnum queant.
MISTH. Placet hæc sententia cives? an aliud lubet?
COSM. In medium consulemus: partes cogite.
MISTH. Ite hac promiscuè; ite illac, ut fors tulit.
Consulite rebus Imperij labantibus.
PSEUD. Ora omnium explorate: Forma corporis,
Statura, frons, oculi, oratio, prudentia
Hanc regni caussam disceptabunt. Nomina
Quorumque tu interim cognosce, & patrias.
MISTH. Quòd bene Cosmopolitis, reique publicæ
Bene vertat; Regem habemus. COSM. Regem nuncupa.
MISTH. Prius ordines iterum explicate. Ex omnium
Sententiâ, jam regem habemus. COSM. Indica.
MISTH. Prometha vive. Rex Promethes imperat.
COSM. Rex vive, vive rex. Sub te salvi sumus.
Promethes imperat; Promethes imperet.
Rex noster impera: Promethes imperat.
PROM. Peregrinum vos in Regem? abite; insania est.
MISTH. Si insania est, Prometha, insanientibus
Ne tu resiste: quicquid ratione nequeunt,
Vi possunt. PROM. Exterum præesse civibus?
COSM. Volumus. PROM. Ignotum? COSM. Volumus
    PROM. Adolescentulum?
COSM. Volumus. PROM. Obsecro vos, cives; quem
    me creditis?
COSM. Regem. PROM. Men' regem? quem parentes
    pauperem
Genuêre? COSM. Divitem facimus. PROM. Quo no-
    mine?
COSM. Regio. PROM. At hoc ipsum, inquam, quo me-
    rito? COSM. Quia placet.
                       PROM.

PROM. Laßt mir Zeit zum Nachdenken!
MISTH. Das Denken hinkt vollbrachter Tat nur hinterher.
PROM. Bitte!
APOM. Jeder, der sich unserer Herrschaft verweigert, ist unser Feind.
PROM. Ich werde mir die Sache überlegen.
PSEUD. Jeder, der denkt, hat sich schon gegen uns entschieden.[28]
MISTH. Promethes, gehorche und herrsche!
PROM. Wem habe ich zu gehorchen?
MISTH. Uns, die wir dir zu herrschen befehlen.
PROM. Über wen werde ich herrschen?
MISTH. Über uns, die wir dir zu gehorchen befehlen.
APOM. Nimm das königliche Diadem!
PSEUD. Lege den königlichen Purpur um!
PROM. Ihr wendet Gewalt an!
APOM. Aber freundschaftliche.
PROM. Ich weiche eurer Gewalt und nehme die Herrschaft an, obwohl ich nicht weiß, wie und warum.
APOM. Nimm's Zepter, entspann' dich!
COSM. Heil, Promethes! Lang lebe der König! Heil! Herrsche!
MISTH. Nun erhebt Seine Majestät und tragt ihn auf euren Schultern in den Palast.
COSM. Promethes, herrsche, herrsche!

SZENE V.

MISTHARCHIDES. PSEUDOLOGUS. APOMISTHUS.

MISTH. Dieses Jüngelchen ist sicher schon von der Herrschaft ergriffen,[29] da er nicht weiß, was ihn erwartet! Nun, wie üblich, müssen wir scharfsinnig sein und uns versichern, daß er unsere List nicht entdeckt. Apomisthus, darum kümmerst du dich.
APOM. Ich paß' auf. Sobald ich nur sehe, daß ein Rabe sich dem Palast nähert, werde ich's verhindern, daß unser Gimpel etwas erfährt.
MISTH. Pseudologus, du führst ihm die Herde der Schmarotzer

Actus I. Scena V.

Et si quid aliud juveni decipiendo erit,
Conduce. Pseud. Centuriata hæc mihi sunt jam omnia.
At unum & unicum etiamnum est, quod nos velim
Advertere. Apom. De Polytharse regis exulis
Sobrino ? Pseud. Rem loqueris; illum hinc excedere
Iridem oportebit: prodet arcanum novo
Regi, simul inciderit. Misth. Providi jam: exulat
Polytharses: opibus jussi illum omnibus exui;
Quàm heri insolens, & arrogans, & impotens
Fuit, tam hodie est mendicus. Cæterùm, diem hunc
Regi novo natalem, par est, anxiè
Notare, ut eundem ex more agitemus annuum.
Nunc intrò mecum in regis aulam abscedite.

M   ACTUS

[175]

und alles, was das Bürschchen einlullen kann, zu.
PSEUD. Das ist von mir schon alles arrangiert, aber ich möchte dich an eine besondere Sache erinnern.
APOM. Polytharses, der Vetter des verbannten Königs?
PSEUD. Genau. Er muß ebenfalls gehen. Sobald er den neuen König trifft, wird er unser Geheimnis verraten.
MISTH. Ich habe schon darauf acht gegeben: Auch Polytharses wurde verbannt.[30] Ich habe ihm alle Güter entzogen. Er ist nun so arm wie er zuvor unverschämt, überheblich, und unbeherrscht war. Weiter müssen wir sorgfältig diesen Tag des neuen Königs notieren, damit wir ihn in einem Jahr wieder von uns ausstoßen können. Kommt nun in den Palast mit mir.

ACTUS II.
SCENA I.
PUER.

Sunt mendaces somniorum interpretes
Vulgò omnes esse. Quod si est ita, ut ajunt;
  næ ego
De vulgo interpres non sum, qui verissimè
Meum mihi somnium conjecto. Ejusmodi
Erat id, si memini. Polytharses meo quasi
Capiti imminebat, iracundus, ut solet,
Voce quasi elatâ; & *quasi* cum loro scorteo
Trilice; id ille infestâ librabat manu;
Ego *quasi* tergum subjiciebam; istud meum
Tergum, inquam: Id ille concidebat *quasi*; & ego
Quasi sentiebam; inde ejulans, somno excitor;
Examino actam noctem vigil; atque repeto
Mecum omnia. Repperi vibices, non *quasi*;
Sed veras, purulentas, grandes, lividas.
Et unde has! inquam. Stulte, has, inquam, è somnio.
Quomodo enim è somnio? in somnio erant hæ *Quasi*
Duntaxat; Hæ autem non sunt duntaxat *Quasi*.
Quid multis? dum ego sic redeo mecum in memoriam,
Recordor me extra & ante somnium flagris
A Polytharse meo heri cæsum crudeliter;
Vigilem adeò & videntem. Hinc illa somnia
          Ho-

[176]

AKT II.

SZENE I.

JUNGER DIENER.[31]

Man sagt, daß die Traumdeuter gewöhnlich Lügner seien. Wenn sie es sind, dann bin ich kein normaler Ausleger, da ich ohne jeden Zweifel den Traum, den ich letzte Nacht hatte, erklären kann. In ihm, wie ich mich erinnere, schien Polytharses mich zu bedrohen, wie immer ärgerlich, mit einer Stimme, die hochmütig schien. Wild schien er eine dreifach geknüpfte Lederpeitsche zu schwingen, der ich meinen Rücken zugekehrt zu haben schien. Meinen Rücken, sagte ich. Er schien ihn zu zerschmettern, und ich schien im Todeskampf zu sein. Heulend vor Schmerz wachte ich auf. Nachdem ich mir den Traum wiederholte, entdeckte ich, daß ich Striemen hatte, die nicht nur schienen, sondern wirklich waren, blauschwarz, groß und vereitert. »Woher kommen die?« fragte ich mich. »Du Narr«. antwortete ich, »sie kamen von deinem Traum« Wie das? In meinem Traum schien ich sie ja nur zu haben, während ich sie nun nicht nur zu haben scheine. Warum Worte verschwenden? Als ich so nachsann, erinnerte ich mich, daß mich gestern, vor dem Traum, Polytharses gräßlich prügelte, bei hellstem Bewußtsein. Das war's, warum der heutige Traum

Hodierna tam præsentia, tam efficacia!
Nihil illa mihi sunt mentita, nisi quod *Quasi*,
Repræsentabant, id, quod minimè erat *Quasi*.
Nunc quicquid hujus est, etiamsi adhuc dolet,
Tamen altero tanto lenius est, postquam ego
Pænas jam à Polytharfe illo exactas cogito.
Vidi, bene manè cùm hominem in vili pallio,
Sine famulis, sine sarcinis, sine loculis
Ex oppido exturbarent. Ita damnum omnium
Rerum hodie fecit, quas tam avidè corraserat.
Vidi, inquam, euntem, & ridens; here, da sarcinas
Ajebam quas feram; nam nimio tu mihi
Vidêre oneratus. Obmutuit homuncio
Confestim, & flevit: Fleat; Ego me nihilo magis
Rumpam ideò, quàm si rideret. Agite scapulæ
Proinde, & aliquantisper conquiescite,
Dum per novum herum licet : Qui si ipse peior est
Vetere illo, tum illum & veterem, & : sed enim id o-
    lim agam.
Nunc abeo; res mihi est in foribus Regiæ.

SCENA II.
ANGELUS TUTELARIS. PROVIDENTIA. CONSILIUM.

ANG. O stultos hominis sensus! cæcam ô pectoris
Humani noctem! quis jam usquam est periculi
Aut alieni cavens; aut providens sui?
Ruunt passim undique omnes in fallacias.
Plerique aut fallere student, aut falli volunt.
Atque utinam sit tam solers in periculis

            Suis

so realistisch und handgreiflich war! Die einzig unwahre Sache bestand darin, daß er mir nur etwas zu zeigen schien, was in keiner Hinsicht nur scheinbar war. So sehr auch mein Rücken schmerzt, meine Freude ist doppelt so groß als ich die Strafe auskosten konnte, die Polytharses selbst auferlegt wurde. Am frühen Morgen sah ich ihn aus der Stadt vertrieben, mit schlechtem Kleid, ohne jegliches Gepäck und Diener. Er verlor heute alles das, was er sich so gierig zusammengerafft hatte. Als ich ihn sich so dahinschleppen sah, lachte ich und rief: »Herr, laßt mich euer Gepäck tragen, da es euch so sehr bedrückt.« Das Menschlein verstummte sofort und weinte. So möge er weinen. Mich kümmert's nicht, ob er weint oder lacht. Bewegt euch, Schultern, und seid dann eine Zeitlang in guter Ruhe, solange es der neue Herr erlaubt. Wenn er schlimmer als der alte ist, er und der alte zusammen… aber darum werde ich mich später kümmern. Zuvor habe ich noch etwas im Palast zu erledigen.

SZENE II.

SCHUTZENGEL. VORAUSSICHT. KLUGHEIT.

ENG. O törichter Menschensinn! Was für eine Nacht in der menschlichen Brust! Wer ist sich der Gefahr der anderen oder seiner eigenen überhaupt bewußt, so daß er sich vorsieht? Alle verfallen dem Wahn. Die meisten wollen betrügen oder betrogen werden. Ich wünschte, mein Schützling wäre nur so gewandt, der Gefahr

Suis videndis meus alumnus, atque funt
Hostes in concinnandis! Conspirant ij
Ut fraudem ex fraude ducant. Ille melleas
Verborum illecebras puras & putas putat.
Tolleret, ah tolleret crustam hanc; virus merum
Videret! Eò adsum hodie, ut incautum dirigam.
Ades Consilium, & Providentia. Cons. Prov. Quid jubes?
Ang. Circumvenitur alumnus. Maturate opem.
Prov. Quâ fraude autem circumvenitur? Ang. Pessimâ.
In regno se locatum putat, & exulat.
Prov. Periculoso alumnus est loco. Ang. Et magis
Periculoso, quòd felicem se putet.
Docete hominem quemadmodum sibi providè
In tempore caveat. Tu hanc regiam pete,
Ipsúmque regem adiens (ah, qualem, & quantuli
Momenti regem!) hortare, inhære, urge, doce.
Prov. Omnia ad amussim, ut imperas. Ang. Tu post-
modum
Huic in tempore succede; & quid sit facto opus
Suggere. Cons. Jam repperi modum. Hàc ad exulem
Regem Adocetum ibo: inde aliud ex alio ordiar,
Dum cladem ab alumno avertam. Ang. Heu! Quan-
tis & quibus
Laboribus perfungimur; ut alumnulos
Nostros servemus? Et illi tamen adeò & sui
Et nostri degunt immemores! Quanquam bene est.
Olim & sui, & nostri memores, at frustra erunt.

SCE-

SZENE III.

RUHM. REICHTUM. ANSEHEN. MACHT. LUST.

RUHM. Ihr alle liebt das Glücklich-Sein. Das ist klar. Ihr, sage ich, die ihr hier sitzt, wollt glücklich sein. Keiner ist da, der das anders wollte. Eltern kämpfen darum, daß es ihre Kinder besser haben sollen als sie selbst, die wiederum dasselbe tun, von Generation zu Generation: und recht so. Siehe, was jeder sich wünscht, das wird von uns beinahe vollständig repräsentiert. Ich bin der Ruhm und schmücke mich mit Ketten, Ringen, Bändern.
REICH. Mein Name ist Reichtum. Ich liebe Silber, Gold und Schätze aller Art.
ANS. Ich werde Ansehen genannt. Ich suche nach Ehrungen, Königreichen und Staaten.
MACHT. Mein Name ist Macht. Ich führe Höfe, Regierungen und Armeen an.
LUST. Ich bin die Lust, die Königin unter uns allen. Ich verschaffe alles, was eure Augen und Ohren erfreut.
RUHM. Verschmäht irgendeiner, was wir Schwestern offerieren? Wir werden nicht jedem zuteil. Viele drängen sich zu uns, aber wir gesellen uns nur zu wenigen. Unser Weg ist zum Palast, wo wir dem neuen König dienen werden.

SCENA IV.

PROMETHES. MISTHARCHIDES. APOMISTHUS. PSEUDOLOGUS,
Cum pompâ.

Prom. Juvat hanc palatij extimi faciem, & loci
Omnem elegantiam arbitrari. Temporis
Meridiani invitat mora. Viridaria
Jam tota, hortósque regios, tot confitos
Oculorum & narium illecebris, vidi satis.
Misth. Quicquid vidisti, Rex, omne id servit tibi.
Prom. Poterántne cultiora nemora conseri?
Apom. Infra te sunt, quæcunque conseri vides.
Prom. Poterántne palatia usquam majora extrui?
Pseud. Sint quantacunque, solo te minora sunt.
Prom. Poterántne lautiores epulæ ullæ instrui?
Misth. Nil magnum est, si culina Regi serviat;
Regnum omne servit. Omn. Omnes servimus tibi.
Prom. Placet fortuna. Sed vos jam hinc excedite
Tantisper, dum otiosus hàc deambulo.
Misth. Nutu uno, ut excedere nos, ita regredi jube.
Prom. Quid esse tandem istuc miraculi putem?
Nullum usquam aut novi, aut legi, quem felicitas
Ita repentina, ita violenta, ita prodiga
Beârit? Opprimit me copiâ suâ.
Vix veni, & ecce! ignotum, ignarum, invitum ad hos
Fasces evexit: opes, aulam, & regnum dedit.
Non capio me ipse, fateor; illa tamen capit.
Timebam principiò, ne quid ludibrij
Subesset. Quid ni enim timerem! hominem advenam,
Aiebam, ignotum, externum, pænè etiam inopem,
Repentè in regnum? non credebam serios,

Nec

[180]

SZENE IV.

PROMETHES. MISTHARCHIDES. APOMISTHUS. PSEUDOLOGUS, mit Dienern.

PROM. Die Fassade des Palastes und all die umgebende Eleganz ergötzt. Die Mittagszeit lädt zu einem Nickerchen ein. Ich habe genug von den königlichen Lustgärten gesehen, so voller Verlockungen für meine Augen und Nase.
MISTH. Alles, was du sahst, König, dient dir.
PROM. Legte man je lieblichere Haine an?
APOM. Was je angepflanzt wurde, es ist deiner nicht würdig.
PROM. Wurde je ein größerer Palast gebaut?
PSEUD. So groß er auch ist, ist er doch noch viel zu gering für dich.
PROM. Konnten je prächtigere Menüs komponiert werden?
MISTH. Das ist nichts Großes, wenn die Küche dem König dient. Das ganze Königreich dient dir.
ALLE. Wir alle dienen dir.
PROM. Das Glück behagt mir. Aber verlaßt mich nun, während ich aus Muße umhergehe.
MISTH. So schnell wir gehen, kommen wir auf deinen Befehl.
PROM. Was soll ich denn nun von diesem Wunder halten? Ich habe noch niemals von jemandem gehört oder gelesen, der von so einem plötzlichen, hinreißenden, verschwenderischen Glück gesegnet wurde. Es drückt mich mit seiner Fülle geradezu zu Boden. Kaum kam ich, und siehe! Unbekannt, unwissend und unwillig wie ich war, erhob es mich zu diesem hohen Amt: und Reichtümer, ein Palast und ein Königreich wurden mir. Ich gebe zu, ich begreife es nicht, aber das Glück greift nach mir. Zuerst fürchtete ich Betrug, und warum sollte ich nicht furchtsam sein? Wie ich sagte, war ich ein armer, unbekannter Fremder, der unerwartet auf den Thron gesetzt wurde. Ich konnte weder denen ernsthaft trauen,

Nec eos qui cogerent, nec me qui cogerer.
Sed enim, suprà quàm credidi, fida omnia.
Stabilitum est regnum: tutus sum adversus metum.
Nam mensem jam alterum tenet felicitas
Invariata. Auri abundè est; rerum copia
Item ingens. Paret aula; parent principes
Ultrò omnes; ultrò morigeratur civitas.
Plura nec avarus poscam: usque adeò, ut propemodum
Satur hodiernâ illecebrâ, condormiscere
Paulisper optem. Nam, nescio quid, me sopor
Invitat: Indulgebo. Famuli hîc excubant
Foris. Secura hæc inter præsidia est quies.

SCENA V.

NOBILITAS. OPULENTIA. DIGNITAS. POTESTAS. VOLUPTAS. PROMETHES.

Nob. Dormit Promethes, & quas animo perdius
Volvebat curas, per soporem temperat.
Agite, sorores, & quietem insignibus
Vestris mulcete. Capiunt vigilem inania,
Capiant & dormientem. Vix enim interest,
Vigilans hæc nostratia videat, an somnians;
Utrumque somnium est, sed illud inanius,
Quod vigili somniatur. Opul. En tibi, aureos
Prometha montes! conde, si potes, sinu.
Conde omnes Cræsi acervos. Prom. Ubi sunt? date. Ubi sunt?
Opul. Inde; manus tolle. Prom. Ita est. Opul. Ita est.
Prom. Habeo, habeo.

die mich zwangen, noch mir selbst, der gezwungen wurde, aber, zu meiner eigenen Verwunderung, alles hat sich als wahr erwiesen. Meine Herrschaft ist sicher. Ich habe keinen Anlaß zur Beunruhigung, da mein Glück schon den zweiten Monat anhält. Gold ist im Überfluß vorhanden. Ich bin mit allem versorgt. Der Hof ist mir treu. Die Beamten sind ruhig. Meine Untertanen folgen mir. Wenn ich gierig wäre, ich könnte nicht mehr haben wollen, es sei denn ein kleines Nickerchen nach diesem wunderbaren Essen. Denn der Schlummer verführt mich, ich weiß nicht wie; ich werde ihm folgen. Die Diener stehen draußen Wache, so daß ich sicher sein werde, wenn ich schlafe.

SZENE V.

RUHM. REICHTUM. ANSEHEN. MACHT. LUST. PROMETHES.

RUHM. Promethes schläft, und besänftigt die Seele, die sich während des Tages in Sorgen verstrickte. Kommt Schwestern und versüßt ihm seine Ruhe mit euren Insignien. Wenn Wachende schon durch Nichtigkeiten gefangen werden, werden sie auch diesen Schläfer fangen. Es macht nämlich kaum einen Unterschied, ob ihm unsere Zeichen wach oder schlafend erscheinen. Leben ist immer ein Traum, aber es ist noch nichtiger für die, die im Wachen schlafen.
REICH. Hier sind goldene Berge für dich, Promethes![32] Halt sie fest, wenn du kannst. Umarme die Schätze des Krösus.[33]
PROM. Wo sind sie? Laß sie mich haben! Wo sind sie?
REICH. Nimm sie von hier. Öffne deine Hände.
PROM. So?
REICH. Genau so.
PROM. Ich hab's, ich hab's!
RUHM. Nimm diese Ehrenkette.

Nob. Etiam istum torquem. Prom. Date, date. Nob.
　　Etiam hos annulos
Gemmatos. Prom. Insere digitis. Bene est. placent.
Dig. Ego tibi regnum; sceptrum, ecce, istuc in ma-
　　num!
Ecce capiti coronam! Prom. Tota est gemmea.
Pot. Vin' etiam hunc ensem? jus habet iste, tam necis
Quàm vitæ. Prom. Volo. Pot. Jube ferire hostem illicò.
Prom. Feri scelestum: adige per pectus. Vol. Atqui ego
Prometha, donis te longè majoribus
Donabo. Voluptatis cape hunc, sis, gustulum.
Mera mulsa, mera sunt mella; mera merissimi
Nectaris unda: hauri, & satiare. Prom. Sapit poculum,
Inverge. Vol. Hæc Regibus miscentur pocula.
Jam verò ut auribus blanditur musica
Mea? Prom. Arionem audio. Vol. Erras, imò Amphio-
　　nem,
Et Orpheum, si nôris, esse ipsum hunc putes.
Nob. O te felicem, & unum numeris omnibus
Beatum, quem hodie tot secundæ res fovent?
Habes regnum, Prometha; & cum regno omnia.
Dig. Satis est jam somniorum: lusimus. Sopor
Ita assentatur: etsi non solus sopor:
Nam multi, quamvis vigilent, ista somniant.

SCENA VI.

PROMETHES. PROVI-
DENTIA.

Prom Ubi sum! ubi fui? unde venio? quis mihi ab-
　　stulit?
Prov. Quid enim abstulit? Prom. Id quod adfuit mo-
　　dò. Prov. Quid modò? 　　　　　　Prom.

[182]

PROM. Gib sie mir! Gib sie!
RUHM. Und diese Juwelenringe.
PROM. Steck' sie an meine Finger. Gut. Sie gefallen mir.
ANS. Ich gebe dir Herrschaft. Schau', dieses Zepter nimm in deine Hand! Hier die Krone für dein Haupt!
PROM. Es ist voller Edelsteine!
MACHT. Möchtest du dieses Schwert auch? An ihm hängt Tod oder Leben.
PROM. Ich will es.
MACHT. Befiehl, und auf der Stelle stirbt dein Feind.
PROM. Schlag' den Frevler! Durchbohre seine Brust!
LUST. Und ich habe ein weit besseres Geschenk für Dich: Der Vorgeschmack der Lust in diesem Becher, reiner Honigwein, reinster Nektar. Trink' ihn aus und sättige dich.
PROM. Der Becher schmeckt, gieß' nach.
LUST. Für Könige werden solche Becher gemischt. Schmeichelt meine Musik auch deinen Ohren?
PROM. Ich höre Arion![34]
LUST. Du irrst, wenn du die Kunst von Amphion[35] oder Orpheus[36] kenntest, dann dächtest du, einer von ihnen spielte nun.
RUHM. O du Glücklicher, und in jeder Hinsicht reich Begüterter, den heute so vieles segnet! Du hast die Herrschaft, Promethes, und mit der Herrschaft alles.
ANS. Genug der Träumereien: Wir hatten unsern Spaß. Der Schlaf schmeichelt, wenn auch nicht nur der Schlaf: Denn viele, obwohl sie wachen, träumen so.

SZENE VI.

PROMETHES. VORAUSSICHT.

PROM. Wo bin ich? Wo bin ich gewesen? Woher komme ich? Wer nahm sie mir weg?
VOR. Wer nahm was weg?
PROM. Das, was gerade noch da war.
VOR. Was war das?

Actus II. Scena VI.

Prom. Id, quod vidi, quod tetigi, quod habui modò.
Prov. Id, quod modò somniasti? Prom. An somnium
fuit.
Prov. Merissimum quidem, atque mendacissimum.
Prom. Videre me tamen rebar. Prov. Sicut alia
Plura etiam reris. Prom. Certè autem simillimum
Veris parebat. Prov. Quibus enim veris? Prom. Quibus?
Quibus hodiéque fruor, auro & regno meo.
Prov. Regnum hoc tu verum? Regnum hoc tu tuum
putas?
Prom. Quid' nî meum? Ecquis alius Regem se vocat?
Prov. Vocabit. Prom. Me cives præfecerunt sibi.
Prov. Et alium possunt. Prom. Ultro has donarunt opes.
Prov. Ultrò reposcent. Prom. Nunquam ita perfidi in
me erunt.
Prov. Id nescis: jam in alios fuère. Prom. Nescio;
Certè in me non erunt. Quorsum enim ita cogerent
Regnare, nî me amarent? hospiti mihi
Unanimes vim fecerunt: ijdem cum minis
Manus pænè intulerunt, nî capesserem
Rempublicam: potest latere in his dolus?
Prov. Potest. Prom. Hoc in honore dolus? Prov. Nus-
quam occultiùs.
Prom. At etiam amant. Prov. Si serio, securus es:
Sin simulatò, mallem odissent. Prom. Nullasdum ego
Video insidias. Prov. Videres, insidiæ haud forent.
Prom. Jam ego nimio plus timidus sum, qui talia
Pericula comminiscor. Audaces juvat
Fortuna; timidos odit. Nemo tutior,
Quàm qui sibi ipsi demunt panicos metus.
Prov. Vin' tutus esse? tutum te nunquam puta.
Prom. Timidi aut faciunt, aut addunt hostibus animos.
Prov. Sed providi demunt. Prom. Providi jam satis.
Prov. Olim negabis. Prom. Ad meos jam regredior.
Prov. Utinam ad tuos! Vereor ne ad alienos eas.

M 5   ACTUS

[183]

PROM. Das, was ich gesehen, berührt, gerade noch besessen habe.
VOR. Das, was du gerade geträumt hast?
PROM. Das ist ein Traum gewesen?
VOR. Der reinste und der verlogenste.
PROM. Er schien mir dennoch Wirklichkeit.
VOR. Wie viele andere Dinge, von denen du denkst, daß sie wirklich seien.
PROM. Sicherlich aber schien es der Wirklichkeit äußerst ähnlich zu sein.[37]
VOR. Welche »Wirklichkeit« meinst du?
PROM. Welche Wirklichkeit? Die ich gegenwärtig genieße: mein Geld und meine Herrschaft.
VOR. Ist diese Herrschaft »wirklich«? Glaubst du, daß sie die deine sei?
PROM. Warum sollte sie nicht meine sein? Nennt sich etwa ein anderer »König«?
VOR. Einer wird sich so nennen.
PROM. Die Bürger wählten mich.
VOR. Und sie können einen anderen wählen.
PROM. Sie gaben mir diese Reichtümer freiwillig.
VOR. Sie werden sie ebenso freiwillig wieder einfordern.
PROM. Niemals wären sie mir gegenüber so perfide.
VOR. Das verstehst du nicht: So haben sie es schon mit den anderen vor dir gemacht.
PROM. Das weiß ich nicht; sicherlich aber wären sie mir gegenüber nicht so perfide. Warum denn zwangen sie mich zum Herrschen, wenn sie mich nicht liebten? Sie wendeten hierzu Gewalt an, obwohl ich nur ein Gast war. Sie wären beinahe handgreiflich geworden, wenn ich die Verantwortung nicht übernommen hätte: Kann in einem solchen Verhalten Betrug verborgen sein?
VOR. Es kann.
PROM. Kann solche Ehre Betrug sein?
VOR. Niemals versteckt er sich mehr als in dieser.
PROM. Aber sie lieben mich doch.
VOR. Wenn aufrichtig, dann bist du sicher: wenn aber durch Verstellung, zöge ich es weit vor, sie haßten dich.
PROM. Ich sehe bis jetzt noch keinen Hinterhalt.
VOR. Sähest du ihn, er wäre keiner.
PROM. Ich wäre ja paranoid, wenn ich solche Gefahren erdichtete. Das Glück ist mit den Mutigen.[38] Keiner ist sicherer als jene, die Soldaten von der Furcht befreien.
VOR. Du willst Sicherheit? Dann wähne dich niemals sicher.
PROM. Der Furchtsame macht entweder Feinde oder ermutigt sie.
VOR. Aber die Klugen entmutigen die Feinde.
PROM. Ich war schon genug voraussichtig.
VOR. Das wirst du einst leugnen.
PROM. Ich kehre zurück zu meinen Freunden.
VOR. Möchten sie doch nur deine Freunde sein! Ich fürchte, sie sind es nicht.

ACTUS III.
SCENA I.
ANGELUS. PROVIDENTIA. CONSILIUM.

Ang. Ecquid profecerint mea stratagemata
In excitando alumno, lubet agnoscere.
Eccam autem Providentiam. Quo sunt loco
Res nostræ? Nondum eventa alumnus prævidet?
Prov. Cœcutit, quantus quantus est. Mera somnia
Pro oraculo habet. At primus congressus fuit.
Quid si altero vincatur ille, aut altero?
Cons. O vos mihi peroptatos! redeo ab exule
Rege; miserabili, & luctu, & siti & fame
Confecto. Illum, inscium quidem instituti, ego
Jam adduxi, ut huc redire in animum induxerit.
Tu Regem illius successorem, itidem move
Ut inscius rerum, in Regem exulem incidat.
Ang. Satis opportunè: idque ut fiat, operam dabo.

SCE-

AKT III.

SZENE I.

SCHUTZENGEL. VORAUSSICHT. KLUGHEIT.

ENG. Ich bin gespannt, zu sehen, ob meine Anstrengungen, meinen Schützling anzustacheln, etwas ausgerichtet haben.[39] Hier kommt Voraussicht. Wie stehen unsere Sachen? Sieht mein Zögling noch nicht, was ihm bevorsteht?
VOR. Er ist vollkommen blind. Bloße Träume hält er für göttliche Aussprüche. Ich hatte eine erste Begegnung mit ihm. Was, wenn er wie auch immer besiegt wird?
KLUG. O, ihr von mir überaus Erwünschten! Ich komme eben vom verbannten König, der erbärmlich von Sorgen, Durst und Hunger geplagt wird. In sein nichtsahnendes Herz habe ich den Plan eingeflößt, hierher zurückzukehren. Du sorge dafür, daß sein Nachfolger, der ebenfalls nichts von unseren Absichten weiß, auf den verbannten König trifft.
ENG. Ein guter Rat! Ich werde versuchen, daß sie sich treffen.

SCENA II.
COMUS. Parasitus.
PUER. Cornulus.

Mira mihi innumera occurrunt simulacra lemurum
Quacunque incedo; ut urbem obsessam à manibus
Planissimè credam. Heus tu vesana! abstine
Manum ab oculis. Omitte hos exsculpere, scelus.
Vestram fidem! obsecro! quàm ægrè anum hanc à me
  arcui?
Hui! quantum lamiarum hîc est! Etiamnum ades
Trivenefica? abi; omitte: mei hi sunt dentes; mei.
Nihil hîc tuum est. Cives, defendite, obsecro.
Puer. Quid vociferaris Come? quis molestus est?
Com. Abscede lamia scelesta. Sine venefica.
Quid crines vellis, vetula? quid laceras genas?
Puer. Quid dudum insanis, Come, quîcum dimicas?
Com. Cum cerberea hâc anu. Ut illam hinc omnes in-
  feri!
Puer. Quî cum illâ! Com. Ita in oculos Harpyia illa
  involat.
Par. Quæ Harpyia, Come? Com. Ita dentes vetula hæc
  excutit.
Puer. Ubi enim est vetula ulla? Com. Ita miseris mo-
  dis me habet.
Puer. Nimis tu hodie, Come, inficetè stultus es.
Com. Eho! Cornule, tu aderas? Puer. Sanè. Com. Non
  tu has anus
Molestas hinc aufers? Puer. Lepidè. Quas tandem anus?
Com. Illas molestas; quæ obturbant. Puer. Nullas ego
Adverto, Come. Com. Nullas. At ego sentio
Miser illas. Puer. Quales sunt illæ! Com. Simillima
          Una

SZENE II.

COMUS.[40] Narr.
DIENSTJUNGE. Cornulus.[41]

COM. Wohin ich auch gehe, von allen Seiten sucht mich eine Unzahl von Gespenstern heim. Ich glaube, die ganze Stadt ist von ihnen besessen. He, du Wahnsinniger! Weg mit deinen Klauen aus meinen Augen! Ich fleh' dich an: Hör auf sie mir auszukratzen, du alte Hexe! Kaum war es mir möglich, sie zu vertreiben. Oho, was für eine Schar Vampire! Du greifst mich immer noch an, Hexe? Weg! Hör auf! Das sind meine Zähne: meine! Nichts gehört dir. Bürger helft mir, ich bitte euch!
COR. Warum schreist du so, Comus? Wer bedrängt dich denn?
COM. Hinweg mit dir, verruchte Blutsaugerin! Hau ab, du Zauberin! Warum raufst du mir die Haare aus, Vettel? Was zerfleischst du mir die Wangen?
COR. Warum tobst du denn so, Comus? Mit wem kämpfst du?
COM. Mit dieser Alten aus der Unterwelt. Daß sie doch alle Teufel…
COR. Wieso mit ihr?
COM. Diese Harpyie stürzt sich auf meine Augen!
COR. Welche Harpyie denn, Comus?
COM. Diese Vettel schlägt mir die Zähne aus.
COR. Wo ist denn eine Vettel?
COM. Sie traktiert mich fürchterlich.
COR. Comus, heute spielst du zu sehr den Narren.
COM. Hoho! Cornulus! Warst du gerade da?
COR. In der Tat.
COM. Würdest du mir nicht diese alten Frauen vom Halse schaffen?
COR. Sicher. Aber was für alte Frauen?
COM. Diese abscheulichen, die mich so quälen.
COR. Ich sehe keine, Comus.
COM. So, keine? Aber ich fühle mich von ihnen geplagt.
COR. Wie schauen sie denn aus?
COM. Sehr ähnlich

Una est fami: strigosa, vetula, edentula,
Rugosa, effæta, cana, macra, squallida.
Puer. Miram tu narras Helenam. Nollem occurreret
Mihi talis. Com. At mihi sæpe occurrit; sæpius
Invadit ventrem; infestat dentes; impedit
Fauces; jugulat gulam; pænè evitat animam.
Puer. Non de remedio tandem aliquo deliberas?
Com. Pridem Cornule; adeò omnes lanios; consulo
Fartores, conduco coquos: hi aliquam opellulam
Mihi afferunt; sed adeò parvam, adeò brevem,
Ut vix dieculam unam duret. Nam illicò
Redit malum, iterúmque infestius esse incipit.
Puer. Miseram vivis vitam, Come; ecquæ est altera
Illa molesta anus? Com. Illa æquè, aut paulò etiam am-
pliùs
Infesta. Puer. Quæ ergo illa? Com. Est illa, simillima
Siti;
Anhela, sicca, exsucca, tosta, torrida.
Urit jecur; vexat pulmones; enecat
Linguam, cruciat palatum, angustat spiritum.
Puer. Huî monstrum! & tu ne isti quidem remedium
habes?
Com. Ah cessa hoc inculcare? quæro; & omnibus
Negotium œnopolis, & cauponibus
Facesso. Adjutant aliquid, sed pauxillulùm.
Quid facias? inveteratum jam oppidò malum est.
Puer. Ego memini Come, hîc esse in viciniâ
Fontem, quem morbo arcendo dictitant huic
Salubrem in primis. Com. Illum tu salientem ais,
Qui hîc propter angiportum tam absurdè strepit?
Puer. Ipsissimum, Come. Com. Apage; ipse unus has
mihi
Omnes molestias augeret. Apage te
Cum isto tam putido, & inconcinno remedio.
Puer. Nullane alia harpyia etiam obturbat? Com. Alia
Imò,

ist die erste dem Hunger – verdorrt, ältlich, zahnlos, runzlig, ausgemergelt, grau, mager, schmutzig.
COR. Du schilderst mir ja eine wahre Helena![42] Ich möchte nicht, daß mir so eine begegnet!
COM. Doch mich bedrängt sie, schlägt meinen Magen, bricht die Zähne, sie würgt mich und preßt mir die Seele aus dem Leib.
COR. Hast du denn nicht nach irgendeinem Remedium gesucht?
COM. Vor langer Zeit schon, Cornulus. Ich habe alle Metzger besucht; ich konsultierte die Geflügelmäster, ich heuerte Köche an: Sie gaben mir ein bißchen Medizin, aber es ist so erbärmlich, daß es kaum einen Tag hinreicht. Bald darauf ist das Leiden wieder da, viel schlimmer als zuvor.
COR. Du führst ein beklagenswertes Leben, Comus. Erzähl mir von der zweiten Alten, die dich quält.
COM. Sie ist gleich gefährlich, oder noch ein wenig mehr.
COR. Wer ist sie?
COM. Sie ist dem Durst äußerst ähnlich – hitzig, vertrocknet, saftlos, ausgebrannt, geröstet. Sie versengt mir die Leber, quält meine Lungen, lähmt meine Zunge, tötet den Gaumen und ängstigt den Geist.
COR. Was für ein Monster! Und auch gegen sie weißt du dir nicht zu helfen?
COM. Hör doch auf mich nach Hilfsmitteln zu fragen! Ich jagte nach ihnen, verschaffte sie mir bei Weinhändlern und Wirten, die mir aber allesamt wenig helfen konnten. Was soll ich tun? Das Übel ist schon chronisch geworden.
COR. Da gibt's eine nahe Quelle, Comus, die dafür berühmt ist, diese spezielle Krankheit zu beseitigen.
COM. Du meinst doch nicht dieses unbrauchbare Wasser, das da nahe bei dem engen Gäßchen sprudelt?[43]
COR. Genau das, Comus.
COM. Bah! Das würde nur meine Beschwerden vermehren. Pack dich mit einer solchen widerlichen und wertlosen Quacksalberei.
COR. Bedrängt dich nicht noch eine andere Harpyie?
COM. Eine andere,

Actus III. Scena III.

Imò, istis omnibus deterior, tetrior.
Informis, spurca, acerba, torva, lurida;
Simillima Egestati. Hæc exenterat sinus,
Evacuat arcas, spoliat marsupia; nihil
In spe relinquit calamitoso, in re nihil.
Vide quibuscum lamijs negotium
Sit, Cornule. PUER. Pertinacibus sanè. At ego opem
Præsentem affero, Come. COM. O salus salve; ô mea
Vita, ô fortuna; ô lætitia; ô omnia mea!
PUER. Mistharchides jubet vocari. COM. Quem? PUER.
Herum, Come. COM. Quem herum loqueris? PUER.
    Hunc ventrem tuum.
Ita est profectò; memini. Hem! quàm obliviscimur
Repentè, nisi moneamur! pridem servio
Hanc illi servitutem. PUER. At, Come, seriò;
Mistharchides vocat. Nam haud scio, quid tristior
Hodie illi Rex est; illum vult ut excites.
COM. I, Cornule. curre, contende, propera, vola.

SCENA III.

ADOCETUS Exul.
MAXENTIUS Filius.

ADOC. Sine, fili, nitar humeris; nam me poplites
  Mei non sustinent. MAX. Ut lubitum est,
    mi Pater.
Utere humeris pro scipione; si jubes,
Etiam gestabo. ADOC. O indolem, dignam patre
Meliore. Nunc te pater in exilium trahit.
MAX. Trahit volentem. Nunquam abjungor à patre.
Satis est, dum semper fortuna patris sit mea.
ADOC. Estne locus ubi acquiescam? MAX. Ibi est ali-
  quis, pater.   Sed

die weitaus schlimmer als die übrigen ist: plump, schmutzig, unfreundlich, wild, leichenblaß, der Armut aufs äußerste ähnlich. Sie plündert Taschen, entleert Beutel, läßt ihren Opfern nichts übrig und raubt ihnen noch die Hoffnung. Das siehst du nun, Cornulus, was es mit dem Wesen solcher Scheusale auf sich hat.
COR. Sie sind äußerst hartnäckig, ohne jeden Zweifel. Aber ich helfe dir augenblicklich, Comus.
COM. Sei gegrüßt, mein Heil! O mein Leben! O Glück, o Lust, o mein Alles!
COR. Mistharchides ruft…
COM. Wen?
COR. Den Herrn, Comus.
COM. Von welchem Herrn sprichst du?
COR. Von deinem Bauch.
COM. Das ist er, in der Tat! Ich erinnere mich nun. Hmm! Wie schnell wir vergessen, wenn wir nicht erinnert werden! Ich diene diesem Tyrannen nun schon seit Jahren.
COR. Im Ernst, Comus, Mistharchides hat nach dir verlangt. Ihn drückt seit heute die Schwermut, und so wünscht er, daß du ihn erfreust.
COM. Geh, Cornulus! Eile, springe, fliege!

SZENE III.[44]

ADOCETUS, der Exilkönig.
MAXENTIUS, sein Sohn.

ADO. Laß mich auf deine Schulter stützen, Sohn; denn meine Knie könnten mich sonst nicht halten.
MAX. Nur zu, Vater. Nimm meine Schulter als eine Krücke. Wenn du willst, trage ich dich auch.
ADO. Für eine solche Demut verdientest du einen besseren Vater, denn der hat dich ins Exil getrieben.
MAX. Nicht gegen meinen Willen. Ich will nie von dir getrennt sein. Meines Vaters Los ist allemal gut genug für mich.
ADO. Gibt es nichts, wo ich ausruhen kann?
MAX. Hier ist ein Platz, Vater,

Sed vili è trunco. AD. Duc, nate; nihil exuli
Eſt vile. Abierunt tempora, quibus aureâ
Sedebam in ſellâ. MAX. Ah parce talia, mi pater,
Meminiſſe porrò. Nam enecat ille me dolor.
AD. Ferendus eſt. Hîc nos pronuper regio,
Sublimes curru vectabamur : Civium
Hîc inter agmina conſpicui ; nihil ſuprà,
Infra nos omnia videbamus : Hîc ſtipem
Nunc itidem corrogamus. Inopi date aliquam
Adoceto, date regi extorri, date exuli
Miſero ſtipem. Aliquam date famelico dapem.
Non exteros rogo ; rogo quibus ipſe dederam.
Heu quàm vicinus regno eſt exilij locus?
MAX. Pater oro ; tantiſper tace dum hi tranſeunt.
Ne quà agnoſcamur. AD. Agnoſcant imò, & ſciant
Sibi evenire poſſe, quod evenit mihi.
Tamen tacebo. Ah! prodit ſucceſſor meus?

SCENA IV.
PROMETHES,
cum ſuis.
ADOCETUS.

PROM. M<sup>Oleſta eſt turba ; quæro ſolitudinem
Illa una eſt animo rerum pertæſo quies.
Abite pompa. Ego, qui plerumque eſt mos meus,
Hîc ambulando curas animi leniam.
Jam dudum, neſcio quis animum verſat timor
De regno! in utrumque propè ex æquo diſtrahor.
Fidámne civibus, an magè diffidam, meis.
Huc timor impellit, illuc invitat me amor.

ADOC.

aber es ist nur ein Baumstumpf.

ADO. Führe mich zu ihm. Nichts ist für Verbannte zu gering. Die Tage, da ich auf einen goldenen Thron saß, sind vorbei.

MAX. Bitte denk nicht an die Vergangenheit, Vater. Der Schmerz zerstört mich.

ADO. Er muß ertragen werden. Hier fuhren wir neulich im königlichen Wagen vorbei, erhaben über die Menge. Wir standen über allen. Nun, am selben Fleck, sind wir Bettler. Eine milde Gabe für den armen Adocetus! Eurem verbannten König! Einem heimatlosen Hungerleider! Den Hungrigen etwas zu essen! Ich bitte nicht Fremde, sondern die, denen ich einst gab. Ach! Wie nahe ist das Exil der Herrschaft!

MAX. Sei still, Vater, während diese Leute vorübergehen, damit wir nicht erkannt werden!

ADO. Laß sie uns erkennen, damit sie wissen, daß das, was mir geschah, auch ihnen zustoßen kann. Aber ich werde schweigen. Ah! Nähert sich mein Nachfolger?

SZENE IV.

PROMETHES, mit Gefolge.
ADOCETUS.

PROM. Die Menge da belästigt mich. Ich brauche Einsamkeit, den einzigen Balsam einer Seele, die sich in Geschäftigkeit erschöpfte. Dienerschaft, kehrt zurück zum Palast. Ich werde meinen gewohnten Spaziergang machen, um meine Sorgen zu besänftigen. Schon lange ängstige ich mich aus unbekannten Gründen um meine Herrschaft. Ich kann nicht mehr entscheiden, ob ich meinen Untertanen trauen soll oder nicht. Angst zieht mich in die eine Richtung, während mich Liebe in die andere zerrt.

Actus III. Scena IV.

Ad. Queritur de regno. ô fi me legeret judicem.
Docerem, utram in partem tutò fecederet.
Prom. Quis loquitur illinc? Adoc. Pauperem extorrem, exulem
Miferere princeps: præbe infelici ftipem.
Prom. Quis te huc locorum adduxit? Adoc. Parce id quærere;
Quis me hinc abduxerit, fcitare: edifferam.
Prom. Quid hoc arcani! ecquod nomen adeò eft tibi?
Adoc. Nunc exuli eft. Prom. Quondam ergo aliud tibi fuit?
Adoc. Ah, quondam! nuper. Prom. Quale autem id nomen fuit?
Adoc. Fateri pudet; ignofce rubori, ô Rex, meo.
Prom. Ignofcam, ubi dixeris. Nî dìxis, fraus fubeft.
Adoc. An ergo non fatis ex formâ hac meâ liquet
Quis fim? Nempe exul. Aliúdne infortunij
Poteft reftare, quàm ut me fatear exulem?
Prom. Quis hodie fis, video: quis fueris, id rogo.
Adoc. Dicam ergo. Fui, (ah fui!) cognominis tibi!
Prom. Ergóne Promethes tu olim? Adoc. Minimè.
Prom. At enim aliud
Mihi nullum eft Nomen. Adoc. At aliud mihi fuit.
Dicam: at tu ignofce confitenti. Rex fui.
Prom. Quomodo enim Rex! Adoc. Quàm hodie exul fum, tam Rex fui.
Ut túte nunc. Prom. Nullum regis fpecimen habes.
Adoc. Si haberem, princeps, me exulem non dicerem.
Habui quondam. Prom. Exulare Rex ergo poteft?
Adoc. Tam facilè, quàm regnare; documentum ego dedi.
Prom. Nova memoras. Adoc. Tibi nova Rex; vetera mihi.
Com. Quo ergo excidifti regno? Adoc. Da veniam, tuo.

Prom.

[190]

PROM. Du verlorst meine Herrschaft? Erzähl' mir die ganze Geschichte der Reihe nach.
ADO. Hast du je den Namen »Adocetus« gehört?
PROM. Ja.
ADO. Der bin ich.
PROM. Mir sagte man, er sei gestorben.
ADO. Ich kam als Fremder, unwissend welche Posse ich spielen sollte. Indem sie mich umzingelten, krönte mich das Volk gegen meinen Willen.
PROM. Was er erzählt, ist auch mir genau so geschehen.
ADO. Kurz, ich habe die Herrschaft genommen. Während ich Narr glaubte, glücklich zu sein, wurde ich der Ausgestoßene, den du nun vor dir siehst. Eines Tages griffen mich die Cosmopoliten an, verwandelten mich von einem Führer in einen Verbannten so plötzlich, wie sie mich zuvor von einem aus dem Volk zu einem Führer gemacht hatten.
PROM. Meine eigenen Untertanen?
ADO. In der Tat, damals aber waren es meine.
PROM. Warum sahst du dich nicht gegen solche Gefahren vor?
ADO.[47] Ich wollte es ja auch, aber ich war langsam, ach, viel zu langsam. Ich hätte angesichts meiner Unsicherheit gewarnt sein sollen, da mich das Wohlergehen verhätschelte. Wir fürchten zu spät, das zu verwirken, das wir schon haben. Von Beginn an enthielt meine Herrschaft die Verbannung in sich; die Verbannung aber verbarg sich hinter einer Schminke. Das Unglück ist auch dann da, wenn es gar nicht gesehen wird. Meines war verhüllt durch verschwenderischen Wohlstand, durch Wollust, und durch Ehre: All das sind unheilvolle Oberflächen, durch die sich das Unglück verschleiert, so wie das Seidennetz im Wurm, der es spann, endet, oder wie ein mit Gift getränkter Honigkuchen, oder so wie in Eiern Nattern heranwachsen, die töten, wenn sie ausgebrütet werden. Ich beklagte heute meinen Niedergang nicht so sehr, wenn ich ihn gestern erwartet hätte. Das Messer verwundet am schlimmsten, das völlig unerwartet

Actus III. Scena IV.

Stringitur: hostile ferrum, saepe dum cernitur, hebetatur.
Et mihi imperij securitas, nunquam magis nocuit,
Quàm ubi maximè placuit; diffidenti tutior, quàm amanti.
Sed nimirum haec est vicissitudo: rotantur humana; & quem
In sublimi nunc conspicaris, ubi se rota verterit,
Humi abjectum videbis; & nos iterum ab alto despiciemus,
Quem humiles nunc miramur. Quare agnosce Numen,
Et tecum ipse reputa, tam bene excidere regno & te posse,
Quàm facilè fuisti acceptus.
PROM. Ita tu, Adocete, si sapuisses, in regno adhuc
Cùm esses, regnum, arbitror, nunquam unquam amitteres.
ADOC. Sapere regnum haud sinebat; exilium sinit.
PROM. Eandem reris ergo injuriam & mihi
Cosmopolitas illaturos? ADOC. Omnibus
Adhuc fecere. PROM. Igitur & mihi facient? ADOC. Nisi
Hac nocte à se degenerârunt. Nam etiamnum heri
Ita consuevêre. PROM. Vincam illos beneficijs.
ADOC. Exasperabis. Nam beneficijs tuis
Mera tibi ab illis empta maleficia scies.
PROM. Jugulasti me istis dictis, nunc ne quis sciat
Nos quicquam collocutos; exi hinc clanculo
Atque in suburbanâ te abstrude silvulâ.
Ego, mecum ubi rem maturè pensitavero,
Ad te revisam; & gratus ero tibi indici,
Dapésque interea mittam. AD. O disce vel meo
Documento sapere, ne alij olim discant tuo?

gezogen wird. Ein drohendes Schwert wird oft abgewendet, weil es wahrgenommen wird. Meine Herrschaft verletzte mich nie mehr als sie am schönsten ruhig schien. Wäre ich mißtrauischer als ergeben gewesen, ich wäre sicherer gewesen. Die menschlichen Angelegenheiten wechseln immer in einem Rad.[48] Den, den man gerade oben sieht, der wird auf den Boden gestoßen, wenn sich das Rad dreht, und der, der über uns stand, wird später unter uns sinken. Anerkenne daher Gott und betrachte, daß du ebenso gut so schnell verbannt werden kannst wie du gekrönt wurdest.
PROM. Wenn du so weise gewesen wärest, wie du die Herrschaft innehattest, dann hättest du sie nie verloren.
ADO. Die Herrschaft schloß Weisheit aus: Was sie erlaubte, ist das Exil.
PROM. Meinst du, daß die Cosmopoliten mich ebenso mißhandeln werden wie dich?
ADO. Sie gingen so mit allen um.
PROM. Also werden sie es auch mit mir so tun?
ADO. Nicht anders, wenn sie sich nicht über Nacht anders besonnen haben. Denn noch bis gestern waren sie dieselben.
PROM. Ich werde sie durch Wohltaten überwinden.
ADO. Du wirst die Sache nur verschlimmern. Denn deine Wohltaten werden durch jene zu Verbrechen.
PROM. Deine Worte töten mich! Niemand darf von unserer Unterredung erfahren, gehe heimlich fort von hier und versteck' dich in dem Wald vor der Stadt. Ich werde dich besuchen, nachdem ich die Sache gründlich durchdacht habe. Währenddessen wird dir Nahrung zugesandt werden. Ich bin dir dankbar, daß du mich warntest.
ADO. O lerne aus meinem Beispiel weise zu sein, damit nicht andere Könige einst von dir lernen müssen.

SCENA V.

SAGARIO Coquus.

MAlim equidem Cerbero parare prandium
Posthac, quàm istis parasitastris, qui ita omnia
Proturbant. Regibus condire fercula,
Virísque principibus jam olim potui: sed his
Lurconum & mandonum & epulonum regulis
Solis nihil hodie possum. Abeo ut conquerar
Mistharchidæ; Sciam quos & quot habeam heros.
Nam dum omnes imperare volunt, nihil agitur.
Comum hunc parasitum illepidum intus, profectò ubi:
Sed premo: saltem hoc nôrit, molestum esse haud sinam.
Vocamus illum ut delicias faciat Duci,
Nugæ vanissimæ! suo ventri facit.

ACTUS

[192]

SZENE V.

SAGARIO, Koch.

Ich bereite lieber ein Essen für den Cerberus als für solche Parasiten,[49] die alles durcheinanderbringen. Ich bin gewohnt Menüs für Könige und Fürsten zuzubereiten, aber nicht für solche anmaßenden Schlemmer und Zechbrüder. Ich werde mich bei Mistharchides beschweren! Ich will wissen, wievielen Herren und welchen ich zu dienen habe, da ihnen allen zu dienen unmöglich ist. Wenn Comus, dieser abgeschmackte Parasit, da drin wäre, aber ich muß mich selbst beherrschen. Zuletzt wird er doch noch lernen, daß ich ihn nicht so einfach herumspringen lasse. Wir werden ihn rufen, damit er unseren Führer unterhalte. Was für ein Blödsinn! Alles, was er unterhält, das ist sein Bauch.

ACTUS IV.
SCENA I.
COMUS parasitus. SAGARIO, Coquus, cum suis.

Com. Mitte, omitte. Quid agitis? quo truditis?
Sag. Exi foras Hyæna. Abscede. Abi fera.
Com. Quò enim abibo? Sag. In furcam
abi; ad corvos; ad patibulum.
Com. Nescio ubi sit patibulum! Monstra, sis, mihi.
Sag. Pernicies aulæ! Regnum quin pessum daret
Quatriduo pestis hæc, si copiam dares.
Ita nihil sanctum, nihil immune usquam sibi
Putat sceleftus. Com. Eho, paullò iftæc parciùs.
Vix tantulum huic meo socieno impertij.
Memini cùm sæpe illi alterum tantum dedi;
Neque tamen tu obstrepebas. Sag. Alia tempora
Tum erant. Præfecti, graviores hodie à coquis
Rationes exigunt, quàm olim à quæstoribus
Provincialibus exigebant consules.
Com. Bona verba, mi homo. Sag. Bona verba hîc: in-
tus non bona
Tantùm exigis verba; sed & bona, bona fercula.
Vale, & abi. Com. Ubi consisto? ubi jam estis pedes
mei?
Hui quanto est alia facies rerum? antè lemures
Et lamiæ occursabant: monstra similia.

ein wahrer Dummkopf sein, das Offenbare in Frage zu stellen! Denkst du wirklich, daß irgendein anderer außer dem Richter soviel Würde hätte? Oder glaubst du, daß irgendein anderer außerhalb meines Hofes herumzugehen wagte? Trag' deine Sache vor, oder geh!
STIL. Aber man sagte mir, daß der Richter einen weißgefleckten Bart trüge. Sie passen nicht auf diese Beschreibung.
COM. Weil ich der Farbe müde wurde. Ich habe meinen Bart den Färbern anvertraut, damit sie ihn vollständig schwarz färben. Meinst du denn, daß wir Richter so schäbig wie das Volk wären, daß wir niemals unsere Bärte wechselten? Hör auf, meine Zeit zu vergeuden, oder ich werde… Lampa, Furnus, Doryla! Kommt heraus, ihr Wachen!
STIL. Beruhigt euch, Herr! Ist es etwa ein Kapitalverbrechen, nicht jedermann zu kennen?
COM. Dann stell deine Beschwerde vor. Ich bin heute ein peripatetischer Richter. Meine Gesundheit braucht die Bewegung.
STIL. Ich habe Streit mit meinem Nachbarn. Ich habe ihn herbestellt und da ist er ja auch schon.

SZENE III.[53]

STILPHO, BLEMMUS.[54] COMUS.

STIL. Blemmus, ich habe den Richter gefunden, vor dem ich deine Verbrechen anklagen werde.
BLEM. Ich fürchte nichts. Er kann keinen Unschuldigen verdammen.
COM. Das meinst du zurecht. – Sprich du zuerst.
STIL. Es ist nun schon der dritte Tag, Richter, daß ich von meinen Feldern heimkehrte, müde von einem harten Arbeitstag und dem Rückweg zu meinem Dörfchen. Ich erwartete keinerlei Gefahr, und wer hätte sich unter solchen Umständen auch gefürchtet?

Eram in pago, & aberam haud procul meâ domo;
Cùm ecce, iste homo temulentus in vinariâ
Sedet tabernâ; & somnolentus editâ
In valuâ stertit. Ego ibi propter parietem
Ejus tabernæ prætereo. Tum hic alterâ
Deorsum à contignatione labitur;
Me superobruit; humi prosternit; brachium hoc
Perfringit; ipse illætus surgit & fugit.
BLEM. Omnia ad amussim, & nusquam mendax. STIL.
     Postulo
Ego damnum mihi sarciri, quod dederit: negat.
Hoccine tu ex æquo fieri censes? hoccine
Impune huic esse? meóque corpori sinis
Fieri hanc plagam? damnum sarciri non sinis?
COM. Audin' hunc, Blemme, quo te accuset crimine?
BLEM. Audio, judex. COM. Et, quidnam est, quo cau-
     sam tuam
Speres purgare? BLEM. Multa. Primùm, dormij.
COM. Bene. BLEM. Tum non sponte feci. COM. Rectè.
     BLEM. Denique
Idem ego adij periculum *ipse*, quod hic meus
Vicinus Stilpho. COM. Sanè. BLEM. Sed ut hæc omnia
Sint parva; magna me purgabit inopia.
Quam mulctam enim dabo, qui nil, quod detur, habeo?
COM. Legésne es doctus? BLEM. Nullas; nisi, quas
     me mei
Docuêre parentes. COM. Quas illas? BLEM. Ut pau-
     peres
Scirem parum habere, divites parum dare.
COM. Fateor, hæc caussa est extraordinaria;
Simili proin disceptanda est sententiâ.
STIL. Dum vindicetur brachium meum mihi,
Quæ sit sententia, non laboro. BLEM. Et dum nihil
Mihi imperetur, cætera faciam omnia.
COM. Date igitur operam. Lege talionis est

         Res

[196]

Ich war in meinem eigenen Dorf und nicht weit von meinem Haus, als dieser betrunkene Tölpel schnarchend im Oberstock eines Wirtshauses saß. Als ich eben dort entlangging, eng am Wirtshaus entlang, fiel er auf mich, schlug mich zu Boden und brach diesen Arm. Da er unverletzt geblieben war, sprang er auf und rannte davon.
BLEM. Alles geschah genau so, wie er es sagte. Er log nicht.
STIL. Ich verlange Wiedergutmachung für den Schmerz, den er mir verursachte, aber er verweigert sie mir. Halten Sie das etwa für Gerechtigkeit? Braucht er nichts zu zahlen? Habe ich den Schaden zu tragen? Verdiene ich keine Wiedergutmachung?
COM. Blemmus, hörst du nicht, welchen Verbrechens du angeklagt bist?
BLEM. Ich höre, Richter.
COM. Was hast du zu deiner Verteidigung vorzubringen?
BLEM. Viel. Zuerst: Ich schlief.
COM. Gut.
BLEM. Deshalb handelte ich ohne Absicht.
COM. Richtig.
BLEM. Ich ging dasselbe Risiko wie mein Nachbar Stilpho ein.
COM. In der Tat.
BLEM. Und wenn all dies noch nicht genügt, entschuldigt mich meine reiche Armut. Wer kann denn einem nackten Mann in die Tasche greifen?
COM. Du bist wohl in den Gesetzen bewandert?
BLEM. Nur mit denen, die mich meine Eltern lehrten.
COM. Welche sind dies?
BLEM. Daß arme Menschen wenig haben und reiche Menschen wenig geben.
COM. Ich muß zugeben, daß es sich um einen außergewöhnlichen Fall handelt. Dementsprechend muß auch das Urteil ungewöhnlich sein.
STIL. Wenn nur mein Arm gerächt wird, dann kümmere ich mich nicht um die Begründung.
BLEM. Und wenn mir nur keine Kosten dabei entstehen, werde ich alles tun.
COM. Dann hört mir beide zu. Gerechtigkeit[55] heißt,

Res decidenda. BLEM. Hûi! lege TALERONIS! perij.
At dixi, mihi nullam esse usquam pecuniam.
COM. Locum proin' tu, Stilpho, in eundem ascendito,
Unde hunc meministi Blemmum excidere. STIL. Ha,
   quid tum enim
Si ascendero? COM. Tum eandem ad valuam decumbito.
STIL. Nempe inde brachium curabitur? COM. Dein'
Ibidem altùm obdormito. STIL. Hoc est promptum
   mihi.
COM. Tum Blemme, dein, præter eundem tu parietem
Quà hic præterierat, præterito. BLEM. Intelligo.
COM. Tum tu deinde, simul in somno hunc videris
Transire. STIL. Tum ego quid faciam? COM. Tum
   delabitor,
Super hunc irruito, humi prosternito, brachium
Itidem illi frangito. STIL. Tum tu te suspendito.
COM. Ita furcifer tu Judici? Furne, Doryla,
Basse, Libo, Lampa, Marne, Cruste, Cornio,
Properate. Cæterùm ego facinus temerarium
Feci. Nam si iste hunc improvisum judicem
Improvisis pugnis dolasset, judices
Credo omnes illum absolvissent. Jam intelligo
Coquis facilius JUS dici, quàm rusticis.

SCENA IV.

MISTHARCHIDES. APOMISTHUS. PSEUDOLOGUS. PROVIDENTIA. CONSILIUM.

MISTH. Sensim annus labitur, appetúntque tempora
  Quibus pro more de abdicando principe
          Delibe-

mit gleicher Münze heimzuzahlen.
BLEM. Ih! Münze! Ich bin schon untergegangen! Ich habe Ihnen doch gesagt, daß ich überhaupt kein Geld besitze!
COM. Stilpho, du kletterst auf denselben Platz, von dem du zeugst, daß Blemmus fiel.
STIL. Was dann?
COM. Du legst dich auf ihn nieder.
STIL. Und das soll wohl meinen Arm heilen?
COM. Darauf wirst du im Schlafe schnarchen.
STIL. Das ist mir ganz recht.
COM. Dann, Blemmus, wirst du an derselben Mauer entlanggehen, an der er entlangging.
BLEM. Ich verstehe.
COM. Dann sollst du, obwohl schlafend, sobald du ihn unten vorbeigehen siehst…
STIL. Was tue ich dann?
COM. Dann fällst du auf ihn, schlägst ihn zu Boden, und brichst seinen Arm.
STIL. Dann mögen Sie sich selbst aufhängen!
COM. Was, solch eine Sprache gegenüber dem Richter? Furnus! Doryla! Bassus! Libo! Lampa! Marnus! Crustus! Cornio! Beeilt euch! Ich war zu waghalsig. Denn wenn er diesen improvisierten Richter mit seinen improvisierten Fäusten geschlagen hätte, dann, so glaube ich, hätten alle Richter ihn absolviert. Nun weiß ich, daß es weit leichter ist, von einem Koch ein Gericht,[56] als einen Bauern vors Gericht zu bitten.

SZENE IV.

MISTHARCHIDES. APOMISTHUS. PSEUDOLOGUS. VORAUSSICHT. KLUGHEIT.

MISTH. Allmählich geht das Jahr zu Ende, und die Zeit nähert sich wieder, daß wir nach unserer Tradition über die Vertreibung unseres Königs

Deliberetur. An illi fuboluiſſe vos
Nihil putatis? Apom. Ego cavi, ne poſſet. Et
Sanè, haud videtur ſuſpectos habere nos.
Pseud. Tamen illud, quòd jam ſolito apparet triſtior,
Quid eſſe cenſetis? non eſt de nihilo. Apom. Habent
Scilicet hanc interdum viciſſitudinem
Res noſtræ, ut triſtes ex lætis; ex triſtibus
Subinde læti ſimus. Misth. Quibus id artibus
Porrò occultemus, eſt videndum. Prov. Non pudet
Ita fraudibus graſſari? Misth. Dum clam eſt, non pudet.
Prov. At quondam erit palàm. Misth. Sit; dum ne ſit
   hodie.
Cons. Hodie ut nemo videat alius, DEUS videt.
Apom. At ego DEUM non video. Cons. Forſan nec
   times?
Apom. Pauxillùm. Cons. Forſan, nec curas? Apom.
   Pauxillulùm.
Prov. Nec ejus legem formidas? Apom. Pauxillulùm.
Prov. Nec legis pænas? Apom Paullulùm. Cons. Ergo
   nihil times!
Pseud. Hoc imò, unum; ne quis nos impediat modò.
Cons. Tibi quod nolles fieri ab alio; id tute ages?
Pseud. Agam. Cons. Quo jure? Pseud. Meo. Cons.
   Id eſt, nullo. O dedecus!
Prov. Non verò hæc facere pudet? Misth. Puderet:
   omittere.
Prov. Senex de morte jam adventurâ cogita.
Misth. De morte cogitabo, ubi aderit. Prov. Nunc
   adeſt.
Misth. Non video. Prov. At ſentis; nam anni & cani,
   mors ſeni.
Apom. Vivere facilè aliquamdiu & ſenex poteſt.
Cons. Faciliùs emori. Apom. Dum ne tamen hodie.
Cons. Quid ſi in ſcelere deprendâre? Pseud. Iſtuc non
   erit.
            Cons.

[198]

Rat halten. Denkst du, daß ihm irgend etwas schwant?
APOM. Ich habe dem nicht nur vorgebeugt. Was mehr scheint, das ist, daß er keinerlei Verdacht gegen uns hegt.
PSEUD. Nur eines fällt mir auf, daß er trauriger als früher erscheint. Was meint ihr, ist die Ursache hierfür? Es ist sicherlich nicht irrelevant.
APOM. Das ist nun einmal so im Leben, daß es auf und ab geht, wir schwanken ganz natürlich zwischen Freude und Trauer.[57]
MISTH. Wir müssen uns versichern, daß unser Geheimnis weiter verborgen gehalten wird.
VOR. Schämst du dich nicht vor soviel Betrügerei?
MISTH. Nicht, wenn sie unentdeckt bleibt.
VOR. Aber vielleicht wird sie ja entdeckt.
MISTH. Schon gut, so lange es nur nicht heute ist.
KLUG. Wenn niemand sonst es sieht, so sieht es doch Gott.
APOM. Aber ich sehe nicht Gott.
KLUG. Und du fürchtest nicht Gott?
APOM. Kaum.[58]
KLUG. Vielleicht kümmerst du dich gar nicht um Ihn?
APOM. Noch weniger.
VOR. Und du fürchtest nicht Seine Gebote?
APOM. Überhaupt nicht
VOR. Oder Seine Strafen?
APOM. Nicht viel.
KLUG. Dann fürchtest du gar nichts?
PSEUD. Wovor ich mich fürchte, ist nur, daß unser Plan durchkreuzt wird.
KLUG. Andern fügst du also zu, was du dir selbst nicht gefallen ließest?
PSEU. Ja.
KLUG. Mit welchem Recht aber?
PSEU. Mit meinem eigenen.
KLUG. Also mit keinem Recht. Pfui!
VOR. Schämt ihr euch nicht, euch so zu verhalten?
MISTH. Im Gegenteil.
VOR. Denk' über den Tod nach, alter Mann, der nicht mehr weit weg ist.
MISTH. Ich werde über den Tod nachdenken, wenn er da ist.
VOR. Er ist schon da.
MISTH. Ich seh' ihn aber nicht.
VOR. Aber du fühlst ihn, denn Grauhaar ist sein Bote.
APOM. Noch ein Graubart kann leicht leben.
KLUG. Aber er kann noch leichter sterben.
APOM. Aber noch nicht heute.
KLUG. Was ist, wenn ihr im Freveln ergriffen werdet?
PSEU. Das wird schon nicht passieren.

Cons. Quid si prodâre? Pseud. Nec istud. Prov. At facilè id potest.
Pseud. Facilè item non potest. Cons. Incertum hoc certè erit.
Pseud. De incertis frustra crucier. Prov. O sæclum impudens!
Misth. Pudor recede: festinandum est in scelus.
Prov. Fidem ei dedistis. Misth. Eandem, ubi lubet, frangimus.
Apom. In Regem ut perfidi simus, mos patrius est.
Pseud. Meditemur intus, quis ad id expediat dolus.
Prov. O sæcla perfida! quæ quàm maximè placent,
Tam maximè nocent. Ideò Regem creant,
Ut ex Rege exulem faciant. Vident tamen
Mortales ista quotidie, necdum cavent;
Cons. Digni ut fallantur, qui falli toties volunt.

SCENA V.
PROMETHES. THEOPHILUS. PHILOTHIMUS. MEGADORUS, Fidi consiliarij.

Theoph. PRidem observatum, Rex, aliquam in fronte nebulam
Hærere, & os olim serenum, tristius
Solito parêre. Ejus quæ caussa sit, doce.
Spondemus opem, si qua ulla in nobis super erit.
Prom. Opem hanc amici, etsi apprimè desidero,
Tamen ubi, aut quomodo illam reperiam, haud scio.
Vos ad me è patriâ evocavi. Omnes sumus
Peregrini, quamvis imperemus; insuper
Decepti omnes sumus. Phil. Vitam hanc & sanguinem

KLUG. Was, wenn ihr verraten werdet?
PSEU. Das ist noch unwahrscheinlicher.
VOR. Aber es kann leicht geschehen.
PSEU. Und es kann ebensogut nicht geschehen.
KLUG. Sicher ist nur, daß es unsicher ist.
PSEU. Ich kann mir nicht Sorgen um das Unsichere machen.
VOR. O welch schamloses Jahrhundert!
MISTH. Weg mit der Scham! Unser Verbrechen duldet keinen Aufschub.
VOR. Ihr gabt ihm euer Wort.
MISTH. Und wir werden es brechen, wenn wir es für gut halten.
APOM. Es ist unserer kulturellen Tradition gemäß, unserem König untreu zu sein.
PSEU. Laßt uns mal drinnen nachschauen, was für eine Strategie passend ist.
VOR. O treulose Generationen, die so schädlich wie undankbar sind. Sie krönen den Herrscher nur, um ihn zu verbannen. Die Menschen stolpern in solchen Verrat tagtäglich, ohne darauf zu achten.
KLUG. Leute, die sich so oft betrügen lassen, verdienen betrogen zu werden.

SZENE V.

PROMETHES. Seine loyalen Berater:
THEOPHILUS.[59] PHILOTHIMUS.[60]
MEGADORUS.[61]

THEOPH. Vor langer Zeit, Herr, umwölkte sich Eure Stirn. Euer Gesicht, das sonst heiter war, schaut jetzt voller Sorgen. Erzählt uns, warum. Wir versprechen zu helfen, wie wir nur können.
PROM. Obwohl ich eurer Hilfe bedarf, meine Freunde, weiß ich doch nicht wie oder wo ihr mir helfen könnt. Ungeachtet dessen habe ich euch aus unserem Vaterland einberufen. Wir alle sind Fremde hier, obwohl wir herrschen, und wir sind alle in die Irre geführt worden.
PHIL. Dieses Leben und unser Blut

Profundere jube nos, Rex pro capite tuo,
Habes paratos. MEGAD. Omnia jube; agam omnìa.
PROM. Gratum est obsequium, amici; etsi pæniffimè
Jam seri estis. THEOPH. Meliora Superi! PROM. Perijmus.
THEOPH. Quid ita? PROM. Perijmus. PHIL. Avertat Numen malum!
PROM. Non est modò locus. At unum tamen aliquid velim.
THEOPH. Jube omnia, Rex, audacter: obstrictos habes.
PRO. Date fidem; enuntiaturos horum nihil
Quæ vobis commisero. OM. Lapides sumus, indica.
PROM. Ite unà; in hac vicinìa, mendicus est,
Qui in silvulâ suburbanâ, mox obvius
Occurret. Illi hunc è meâ manu amulum
Monstrate, (ita quippe cum illo conventum fuit)
Nihil ille renuet; explicabit omnia,
Et huius mæstitiæ docebit originem.
Confiliúmque addet: nam ejusdem est gnarus mali.
Mox huc redite, & quid facto mihi sit opus,
Renuntiate. THEOPH. Etsi hæc mira est legatio,
Tamen imus. PROM. Idque quàm occultiffimè potest.

ACTUS

sind wir bereit, auf Euer Geheiß hin zu opfern, Herr.
MEGAD. Befiehl, was du willst, und ich werde gehorchen.
PROM. Ich bin eurer Ergebenheit dankbar, Freunde, obwohl ihr viel zu spät kommt.
THEOPH. Gott schütze uns!
PROM. Wir sind verloren.
THEOPH. Wie das?
PROM. Wir sind verloren.
PHIL. Möge der Himmel alles zum Guten wenden!
PROM. Das ist kein guter Ort, um darüber zu sprechen, aber es gibt etwas, was ihr für mich tun könntet.
THEOPH. Was immer du wünschst, Herr, du kannst dich auf uns verlassen.
PROM. Schwört mir Verschwiegenheit.
THEOPH., PHIL. UND MEGAD. Wir sind stumm wie Steine. Sprich!
PROM. Ich wünsche, daß ihr zu dritt zusammen geht. Ein Bettler wird euch im nahen Wäldchen begegnen. Zeigt ihm diesen Ring von mir, den er erwartet. Er enthüllt euch dann, warum ich traurig bin und ebenso, was ihr tun sollt, da er sich in derselben Lage befindet. Kehrt sogleich zurück, damit ich weiß, was ich zu tun habe.
THEOPH. Ist es auch ein sonderbarer Auftrag, werden wir dennoch gehen.[62]
PROM. So heimlich wie möglich!

ACTUS V.
SCENA I.
ANACHORETES.

Uàm lubrica est anguilla, regnum! dum putas,
Te, ut qui quàm maximè tenere, elabitur.
Sed enim hoc habet sibi cum rebus morta-
libus
Alijs commune: Res perinde omnes fluunt.
Gaudet adolescens flore ætatis! eum dum habet,
Amittit: & senescit, nec sentit. Alius
Formæ ornamento gaudet: ô breve gaudium!
Nam quantuli est momenti? cras febriculæ
Unius ardor, omnem extinguet gratiam.
Subeunt languores, & dolores corporis,
Et pallor, & squalor; denique quid non subit?
Alius felicem se credit: sed ô quibus
Doloribus suam hanc credulitatem luet?
Vertet sese aura, & mox omnis felicitas
Unà avolabit; citiùs quàm plumula solet.
Hanc talem igitur, & regnum, inquam, inconstantiam
Cum istis quibúsque rebus sibi communem habet.
Et tamen amari, & tamen ambiri adhuc potest?
Superi! quid fieret, si constantius foret?
Utique adoratum jam pridem esset! nunc fidem
Mutat toties, & nihilominus adhuc placet?

Ecce

AKT V.

SZENE I.

ANACHORETES.[63]

Herrschaft ist so ein schlüpfriges Öl![64] Wenn du glaubst, es am meisten fest zu halten, entschlüpft es dir. Aber das hat es gerade mit allen anderen irdischen Sachen gemein, da alles fließt.[65] Die Jugend, die den Frühling des Lebens genießt, verliert ihn in demselben Moment und altert unweigerlich. Ein anderer freut sich über sein gutes Aussehen. Oh Eitelkeit! Wie schnell verschwindet solche Freude! Morgen wird ein kleines Fieber unsere Anmut vernichten und es durch Schwäche, Schmerzen, Blässe und Häßlichkeit ersetzen. Kurz, was ist diesem Wechsel der Dinge nicht unterworfen? Jemand schätzt sich glücklich, aber welche Schmerzen lösten nicht sein Vertrauen auf? Der Wind dreht sich, und bald verweht schneller als eine Feder alle Glückseligkeit auf einmal. Ebenso unstet ist, sage ich, die Herrschaft, die dies mit all den anderen Dingen gemein hat. Und dennoch wird sie geliebt und gepriesen? O Götter! Was wäre denn der Fall, wenn Macht konstant wäre? Jedenfalls könnte sie nur als schon längst vergangene angebetet werden! Obwohl unbeständig, fasziniert sie dennoch die Menschen?

Ecce enim! in hâc silvulâ, cùm annis jam pluribus
Quietè degam, rebus humanis procul;
Recenter ad casulam meam miserabilis
Homuncio venit; ab egestate, & à fame
Malè habitus; ille se è regno ejectum; & bonis
Simul omnibus exutum se dixit, ejulans;
Petijt opem, exiguam stipem. Hospitium dedi,
Et regem casulâ & regem mensâ paupere
Excepi, ad qualem nunquam assueverat priùs.
Itáne, inquiebam, etiam aula? etiam honor? etiam opes
Suos remunerantur? Jam demum places
Mea mihi silvula; mea jam casula places.
Placet ultro deseruisse me illas perfidas
Opes, olim ne me invitum ipsæ deserant.
Recipio me in tutum; hoc est, inde refugio
Miser, ubi tot perire felices scio.

SCENA II.

PROMETHES. THEOPHILUS. PHILOTHIMUS. MEGADORUS.

PROM. Longa mihi est omnis hæc meorum absentia;
   Qui dum apud Adocetum cunctantur, cives mei
Fideles, interim in omnia intenti, diem
Meo capiti dicunt, & exilij locum
Designant. O regni omnis delicias graves!
O fasces jam molestos! cur hanc aleam
Infelix jeci? cur tam ignavè restiti?
Ad sanguinem imò me pugnare oportuit,

          Ne

Seht her! Nachdem ich in den Wäldern hier draußen einige Jahre friedlich gelebt habe, zurückgezogen von den Sorgen des Lebens, wurde ich neulich von einem erbärmlichen Opfer des Hungers und der Not besucht. Er jammerte, daß er entthront und all seiner Güter beraubt sei. Er bettelte um Unterstützung, eine winzige Gabe. Ich ließ ihn bei mir wohnen, brachte den König in meiner bescheidenen Hütte unter und ernährte ihn mit einem ärmlichen Mahl, das er zuvor noch nie zu essen gewohnt war. Das also sind die Gaben, überlegte ich, mit denen Hof, Ehre und Reichtümer ihren Lieblingen vergelten? Da bin ich mit dir zufrieden, mein Wäldchen und meine Hütte. Ich bin froh, daß ich perfidem Reichtum entfloh, damit er mich nicht einst fliehe. Obwohl mein Leben hart ist, gehe ich lieber zurück, wo ich sicher bin, als dort zu sein, wo so viele Menschen schnell in ihrem Glück untergegangen sind.

SZENE II.

PROMETHES. THEOPHILUS. PHILOTHIMUS. MEGADORUS.

PROM. Die Abwesenheit meiner Freunde wird mir lang. Während sie bei Adocetus sich verweilen, betreiben meine »treuen« Bürger, völlig skrupellos, meinen Untergang und weisen mir den Ort der Verbannung zu. O diese schweren Freuden der Herrschaft! Ihre Bürde! Warum habe ich Unglücklicher mich denn dem Zufall unterworfen?[66] Warum leistete ich so wenigen Widerstand? Ich hätte bis aufs Blut kämpfen sollen,

Actus V. Scena II.

Ne ad imperium capeſſendum olim cogerer.
Tam acriter erat reijciendum regnum mihi,
Quàm acriter alijs ambitur. Nunc, quæ cuditur
Faba in Prometham? Rectè eſt. Stultitiam decet
Ut curis iſtis, ſed nimium ſeris, luam.
At redeunt tandem. O longùm exſpectatos mihi!
Spémne apportatis? PHIL. Spem, ſi induſtrij ſumus;
Si improvidi, nec res, nec ſpes ulla eſt ſuper.
PROM. Agite ergo, & quo verſemur in loco, edite.
THEOPH. Verſaris inter hoſtes, quos cives putas.
PROM. Non jam puto. putavi. THEOPH. Illis mos an-
   nuum
Creare regem, ut quemque ſibi habent obvium.
PROM. Ita mihi factum. THEOPH. Illum, ubi ſibi opes
   corraſerit,
Ex improviſo adorti, nudum & pauperem
In exilium agunt. PROM. Qualis exilij eſt locus?
MEG. Si verum Adocetus memorat, eſt, qualem hoſtibus
Tuis optares: frigore, macie, fame,
Siti, rerum omnium inopiâ atque penuriâ
Obſeſſus: Nihil ibi veſtium eſt; nihil eſt ibi
Aut eſculenti aut poculenti; illuc ſuos
Ablegant Reges. THEOPH. Illic pœnitentiâ
Longâ, anni delicias unius expiant.
PROM. Quis modus eſt evadendi? THEOPH. Ego clan-
   culo arbitror
Hinc excedendum. PHILO. Quâ id viâ? utique jam
   cavent,
Ne quâ elabamur. Ego rogandum cenſeo
Veniam ultrò; & regnum quod coactus ceperis,
Precariò ſervandum. THEOPH. Tanquam verò ij
Exorari poſſint, qui id unum operam dare
Conſuêrint, ut conſultò alijs malè faciant?
Orati, ſæviores fiunt. MEG. Cenſeo
Equidem conſultiùs fore, ut occultiſſimè

       Aurum

um damals nicht zur Herrschaft gezwungen zu werden. Ich hätte sie so sehr von mir stoßen sollen, wie die anderen Menschen nach ihr gieren. Was für ein neues Unglück wartet auf mich?[67] Aber es ist gut so. Meine Dummheit verdient, mit Furcht bestraft zu werden, wenn es nicht schon zu spät dafür ist. Sie kommen endlich zurück. Oh, wie ungeduldig wartete ich auf euch! Bringt ihr mir etwas Hoffnung?
PHIL. Ja, wenn wir uns beeilen. Wenn wir uns nicht vorsehen, dann bleibt weder Hoffnung noch irgend etwas anderes übrig.
PROM. Klärt mich über die Lage auf, damit wir handeln können.
THEOPH. Du bist von Feinden umzingelt, von denen du glaubst, es seien Bürger.
PROM. Ich glaube das nicht mehr, ich glaubte das einst.
THEOPH. Sie pflegen für ein Jahr irgendeinen, der ihnen in die Hände kommt, zum König zu erheben.
PROM. So geschah es mir.
THEOPH. Nachdem der König sich Schätze zusammengerafft hat, überfallen ihn die Cosmopoliten plötzlich, entblößen ihn und vertreiben ihn in Armut.
PROM. Wie sieht das Exil aus?
MEGAD. Wenn Adocetus die Wahrheit erzählte, handelt es sich um einen Ort, wohin du deine Feinde wünschst: Es herrscht dort Kälte, Unfruchtbarkeit, Hunger, Durst und jede Art des Mangels. Dort gibt's weder Kleider noch was zu essen oder zu trinken, aber das ist der Ort, an den sie ihre Könige abschieben.
THEOPH. Mit langen Strafen büßen die Herrscher dort für ein einziges Jahr an Freuden.
PROM. Wie kann ich diesem Schicksal entgehen?
THEOPH. Du mußt heimlich fliehen.
PHIL. Auf welchem Weg? Diese Leute beobachten uns sicherlich, daß wir ihnen nicht entkommen. Ich denke, du solltest um Gnade bitten und dir so die Herrschaft, die dir aufgedrängt wurde, erhalten.
THEOPH. Als ob demütige Bitten das bei denen könnten, deren einziges Ziel die Bosheit ist! Sie anzuflehen, das macht sie nur um so grausamer.[68]
MEGAD. Meiner Meinung nach wäre es weiser, auf verborgenste

Aurum omne, & vestem, & quicquid aliarum est opum
Jubeas confestim hinc asportari in sarcinis,
Eò loci, ubi mox exulabis. Ita duas
Res consequêris; prædam ages ab hostibus,
Et in exilio felicior, quàm in regno, eris.
Prom. Istuc probatur. Meg. Sed maturandum est tamen
Ne quà antevertant. Prom. Hoc agamus unicè,
Amici; ite intrò mecum: exiguum est temporis.

SCENA III.

NOBILITAS. DIGNITAS,
cum cæteris.

Nob. Migremus modò Sorores, dum anni terminum
Propè conspicamur. Sedes tandem iterum
est nova
Alicubi quærenda, in quam hæc nostra insignia
Hinc transferamus. Dig. I, quocunque lubet, soror.
Nusquam diu manemus. Nob. Jam hos in somnio
Velut aliquo, jam alios aliósque ludimus.
Dig. Ostendimus duntaxat ista, non damus.

SCENA IV.

SEDITIO. NAUSEA. CONFUSIO.
ODIUM.

Sed. Succede; sequere hàc, hàc, inquam; pulcherrima
Proles pulcherrimæ matris. Conf. Alij negant
Nos esse pulchras. Sed. Nesciunt ij, quid negent!

Tu

[204]

Weise all das Gold, die Kleidung und andere Güter auf deinen Befehl hin zu deinem zukünftigen Ort zu bringen. Dadurch erreichtest du zwei Dinge: Du plündertest deine Feinde, und als Vertriebener ginge es dir wesentlich besser als einem Herrscher.
PROM. Mir gefällt dieser Vorschlag.
MEGAD. Aber wir müssen uns beeilen, daß sie uns nicht zuvorkommen.
PROM. Handeln wir vereint, Freunde; kehrt zu mir ein: Die Zeit ist knapp.

SZENE III.

RUHM. ANSEHEN, mit den anderen.

RUHM. Bewegen wir uns nur, Schwestern, da wir das Jahr sich schon seinem Ende nähern sehen. Wir müssen wieder einmal ein neues Heim für unsere Insignien finden.
ANS. Geht wohin ihr wollt, Schwestern. Wir bleiben niemals irgendwo lange.
RUHM. Nein, wir spielen mit einer Person nach der anderen und immer so, als ob in einem Traum.
ANS. Wir zeigen unsere Insignien nur vor, wir geben sie niemals.

SZENE IV.

AUFRUHR. EKEL.
VERWIRRUNG. HASS.

AUFR. Kommt mit! Folgt mir! Diesen Weg, sage ich, ihr prächtigen Kinder einer prächtigen Mutter!
VERW. Aber die anderen sagen, daß wir gar nicht prächtig sind.
AUFR. Die wissen eben nicht, wovon sie sprechen.

Actus V. Scena IV.

Tu matrem audi, & te pulchram crede. Sed fatin'
Modò fcitis ecquid vos velim? Naus. Satis quidem.
Sed unde eſt ordiendum? Sed. Juxta eſt. Obvios
Mecum turbate. Tu, Naufea, ſtomachum move
Civibus in regem. Naus. Ne tu iſtud mihi impera;
Aliud non poſſum, ut aliud maximè velim.
Sed. Tu autem animos averte, & aliena. Od Sat ſcio.
Odium ego cum ſim. amandi artem non calleo.
Fratres à fratribus diſſociare didici,
Nedum cives à regibus. Sed. Confundere
Tu deinde turbas perge. Conf. Vix opus eſt meâ
Operâ ad hanc rem; ultrò ſe confundit civitas;
Secum ipſi velitantur omnes. Tamen agam,
Quod eſt agendum. Sed. Ego adero omnibus in tempore,
Conſilio, auxilio occurram: arma, enſes, civibus,
Et tela, & haſtas, & quicquid reges timent,
Ego miniſtrabo. Meum eſt, ex regibus exules,
Et exules reges facere. Seditio enim
Appellor; ſat dixi; jam omnia mihi creditis,
Et plura. Apud Coſmopolitas hos annua
Mihi ſeges eſt; venio ut uberrimè metam.

SCENA V.

PROMETHES. THEOPHILUS. PHILOTHIMUS. MEGA-DORUS,
cum bajulis.

Prom. Operam bonam fecimus, amici; regias
Opes in tutum, quà licuit, migravimus.
Jam onerarios currus triginta, atque totidem

Mulos,

Hört schön auf eure Mutti und glaubt nur, daß ihr prächtig seid. Versteht ihr denn alle, was ich von euch will?

EKEL. Gut genug, aber wo beginnen wir?

AUFR. Hier in der Nähe. Helft mir die Leute da vorne zu ärgern. Ekel, du machst den Bürgern ihren König widerwärtig.

EKEL. Deswegen mußt du mir keine Befehle geben. Ich kann gar nicht anders, selbst wenn ich es wollte.

AUFR. Du wendest ihre Herzen von ihm ab und entfremdest sie ihm.

HASS. Kein Problem. Da ich der Haß bin, weiß ich nichts über die Kunst der Liebe. Ich, der ich Brüder entzweie, kann bestimmt Bürger von ihrem König trennen.

AUFR. Du wiegelst den Mob auf.

VERW. Es braucht kaum meine Hilfe. Die Stadt ist schon in äußerster Verwirrung, in der jeder jeden anstiftet, aber ich werde dennoch tun, was ich kann.

AUFR. Ich werde dir zur rechten Zeit beistehen, mit Wort und Tat. Den Rebellen liefere ich Waffen und Wappen, Schwerter und Speere und alles, was ein König fürchtet. Meine Aufgabe ist es, aus Vertriebenen Herrscher und aus Herrschern Vertriebene zu machen. Nicht umsonst werde ich Aufruhr genannt. Genug gesprochen. Ihr wißt, daß ich zu allem und noch mehr fähig bin. Mein ist die Jahresernte in der Weltherrschaft; ich bin gekommen, reichlich zu ernten.

SZENE V.

PROMETHES. THEOPHILUS. PHILOTHIMUS. MEGADORUS, mit Trägern.

PROM. Es ist alles gut gegangen, Freunde. Wir haben soviel wie möglich von dem königlichen Schatz mit uns geschleppt. Wir haben dreißig Wagen und ebenso viele

Mulos, cum argento, & auro, & veste misimus;
Subsidium calamitatis, quæ in nos cuditur.
Jámne etiam sarcinæ mandatæ bajulis
Qui asportent? THEOPH. Jam aderunt cum Megadoro:
     en. PROM. Principem
Illarum habete curam: nam ibi cimmelium
Meum omne custoditur: torques, annuli,
Gemmæ, uniones: quæ dum habemus, exules
Nunquam erimus. MEG. Rex, istud mihi curabitur.
Sequimini hàc omnes: à meis vestigijs
Nemo ullus unguem. Ego vos ducam quà visum erit.
PROM. Vos autem, Theophile, & Philotime, militem
Illic, ubi dixi, de meâ pecuniâ
Armate, qui mihi præstoletur: perfidos
Ulciscar cives; ut si me contempserint
Inermem regem; armatum timeant exulem.
THEOPH. PHIL. Præimus ergo, & accuramus. Militem
Habet, quisquis habet aurum. PROM. Supplicium dabunt
Mihi ludiones isti. Faxo, principem
Ne porrò ullum ita ludificentur. Sed enim, quid est
Istud tumultûs? Jámne in me cives ruunt?
Bene est; modò ne in ignarum. ô quæ infelicitas
Mea jam foret, nisi prævidissem! at quicquid est,
Id intus opperibor. Properent jam licet,
Tardè feriunt, quorum prævisa tela sunt.

SCE-

Mulis, beladen mit Silber, Gold und Gewändern abgeschickt; das schütze uns vor dem Unheil, das gegen uns geplant wurde. Haben die Träger auch ihre Ballen?
THEOPH. Sie sind mit Megadorus unterwegs: Da sind sie schon!
PROM. Seid besonders vorsichtig mit diesem Gepäck, da es mein persönliches Vermögen enthält – Ketten, Ringe, Gemmen und Perlen. So lange wir die haben, werden wir keine Vertriebenen sein.
MEGAD. Ich übernehme die Verantwortung, Herr. Folgt mir alle! Weicht keinen Zentimeter von meiner Spur! Ich werde euch zu eurem Ziel führen.
PROM. Theophilus und Philotimus, ihr bewaffnet von meinem Geld die Soldaten, die auf uns warten. Ich werde mich an meinen treulosen Bürgern so rächen, daß sie mich als einen Vertriebenen in Waffen so fürchten werden, wie sie mich als unbewaffneten Herrscher verachteten.
THEOPH. PHILO. Wir werden vorausgehen und alle Sorgfalt anwenden. Soldaten hat, wer Gold hat.
PROM. Diese Narren da unten werden leiden. Ich will sicher stellen, daß sie sich niemals mehr über den König lustig machen. Aber was ist das für ein Tumult? Greifen mich meine Bürger schon an? Gut, das trifft mich nicht unvorbereitet. Oh, was wäre das für ein Unglück, wenn ich nicht Vorsorge getroffen hätte! Aber ich werde sie innen erwarten. Man mag sich noch so beeilen, wie man will: Zu spät kommt, wer seine Waffen zu früh zeigte.[69]

SCENA VI.
MISTHARCHIDES. APOMI-STHUS. PSEUDOLOGUS. COSMOPOLITÆ. TUB.

MISTH. SAtis imperatum est à Prometha; in ordinem Redigatur. APOM. Signa canite; & plebem cogite.
TUB. Cives ad arma. COSM. Ad arma. Quis bellum movet?
APOM. Regi annuo bellum paramus. COSM. Adsumus.
MISTH. Placet obsequela hæc, cives; pro Republicâ Cùm alacriter paretis. Circùm Regiam, hàc Obsistite, ne quà usquam Rex elabi queat.
Vos mecum irrumpite, & Prometham educite.
APOM. Procedit obviam ipsus. PROM. Quid molimini Cives, hoc temporis? hoc loci? ecquid est novi?
APOM. Vetera omnia agitamus; abhorremus à novis.
PROM. At hæc mihi civitatis facies est nova.
MISTH. Nobis antiqua. PROM. Sed quorsum hæc antiquitas?
MISTH. Faxo, jam intelligas. Morem à majoribus Hunc accepimus, ut Regis natalem annuum Festo aliquo ritu agitemus. PROM. Mos istic placet.
APOM. Eò adsumus, ut té invitemus. PROM. Qui ritus is Demum erit? MISTH. Erit ludus, qui instituetur tibi.
PROM. Ludus mihi inter arma? MISTH. Militaris est; Ideò inter arma. PROM. Armatus ludus non placet.
APOM. Si serius foret: nunc, ludicrum est merum.
PRO. Quis verò ludus? MISTH. Regnum permutabimus.
PROM.

[207]

SZENE VI.

MISTHARCHIDES. APOMISTHUS. PROMETHES. COSMOPOLITEN. HEROLD.

MISTH. Wir wurden von Promethes lange genug herumkommandiert. Er sei abgesetzt.
APOM. Laßt das Schlachtsignal ertönen und versammelt das Volk.
HER. Bürger, zu den Waffen!
COSM. Zu den Waffen? Wer beginnt Krieg?
APOM. Wir lancieren ihn gegen unseren Jahreskönig.
COSM. Wir sind bereit.
MISTH. Mir gefällt eure Loyalität, Bürger; ihr unterstützt eifrig das Gemeinwesen. Umzingelt den Palast und paßt auf, daß der König nicht irgendwo entschlüpfen kann. Du hilfst mir einzubrechen und Promethes herauszubringen.
APOM. Er kommt offensichtlich selbst heraus.
PROM. Was tut ihr, Bürger, zu solcher Zeit an solchem Platz? Was gibt's Neues?
APOM. Alte Gewohnheiten. Vor neuen Praktiken schrecken wir nur zurück.
PROM. Aber mir ist euer jetziges Auftreten neu.
MISTH. Wir sind es seit alters her gewohnt.
PROM. Doch wozu solche Gewohnheit?
MISTH. Ich werde es dir erklären. Von unseren Vorfahren erbten wir den Brauch, jeden Jahrestag der Krönung unseres Königs festlich zu begehen.
PROM. Mir gefällt dieser Brauch.
APOM. Wir sind hier, um dich einzuladen.
PROM. Was für ein Ritus wird das wohl sein?
MISTH. Wir werden dir zu Ehren ein Spiel aufführen.
PROM. Ein Spiel mit Waffen?
MISTH. Wir sind bewaffnet, weil es sich um ein militärisches Spiel handelt.
PROM. Das gefällt mir aber gar nicht.
APOM. Wenn es ernst wäre, in der Tat; aber unser Spiel ist ein bloßer Spaß.
PROM. Wie spielt ihr es denn?
MISTH. Wir wechseln unsere Herrschaft.

PROM. Ludum esse hunc vos putatis? MISTH. Ludum maximum.
PROM. Mutare regnum, est ludus? APOM. Ludus est dare.
PROM. At serio ego accepi. APOM. Non dedimus serio.
PROM. Quid me ergo adegistis? MISTH. Per ludum adegimus.
PROM. Per Ludum ergo repetitis? MISTH. Repetimus serio.
PROM. O regni ludicri, non ludicros dolos!
APOM. Si ludicros mavis, puta esse ludicros.
MISTH. Dum ne tu regnum serio serves tibi.
PROM. Quîcum vos ergo regnum permutabitis?
MISTH. Cum exilio. PRO. Non est æqua hæc permutatio.
APOM. Dum nobis expediat, æquam esse credimus.
PROM. Etiamsi contra fas fidémq; sit? MISTH. Æqua erit.
PROM. Etiamsi contra publicum jus? APOM. Æqua erit.
PROM. Etiamsi contra divinum jus? MISTH. Æqua erit.
PROM. Æquum ergo, ut & exuatis me regno, æquum erit.
APOM. Æquissimum. COSM. Exue; exige, expelle, eijce.
PROM. Superi hoc avertite à me execrandum scelus,
Ne apud impios Cosmopolitas, & perfidos
Cives porrò unquam degam. Rapite, tollite,
Nihil resisto; id unum, ut properetis, rogo.
MISTH. Nihil impera, faciemus antè, quàm imperes.
PROM. Exeat hac regiâ, esse qui miser timet.
APOM. Exi imò è regiâ; exi è regno, ut sis miser.
PROM. Miserum me regnum fecit: felix antè eram.
MISTH. Exilium faciet miserum. PROM. Felicem magis.
APOM. Modò experire illam beatitudinem.
PROM. Abeo lubens. COSM Lubentiùs dimittimus.
MISTH. Vos illum ad alios exules deducite.
APOM. Lege, tubicen, plebiscitum hoc; lege propalàm.
TUB. In ante diem VIII. idus Februarias, Senatus populúsque universus

Decre-

PROM. Denkt ihr denn etwa, daß Herrschaft bloß ein Spiel sei?
MISTH. Das Spiel aller Spiele.
PROM. Herrschaftswechsel, das ist Spiel?
APOM. Spiel ist es, Herrschaft zu verleihen.
PROM. Aber ich nahm sie in vollem Ernst an.
APOM. Wir gaben dir sie nicht im Ernst.
PROM. Warum zwangt ihr mich dann zu ihr?
MISTH. Gewaltanwendung war ja gerade Bestandteil unseres Spiels.
PROM. Und Spiel ist, Herrschaft zu widerrufen?
MISTH. Nein, wir fordern sie in vollem Ernst zurück.
PROM. Oh, welch tragische List einer lächerlichen Herrschaft!
APOM. Sieh es doch lieber von unserer Komik aus so an: Oh, welch lächerliche List einer lächerlichen Herrschaft!
MISTH. Du darfst von der Herrschaft einfach nicht ernst denken.
PROM. Für was wechselt ihr eure Herrschaft aus?
MISTH. Fürs Exil.
PROM. Ein solcher Wechsel ist nicht fair.
APOM. Wir betrachten es so lange als fair, so lange uns das paßt.
PROM. Auch wenn es Gerechtigkeit und Treue widerspricht?
MISTH. Es ist fair.
PROM. Auch wenn es dem bürgerlichen Recht entgegensteht?
APOM. Es ist fair.
PROM. Auch wenn es göttlichem Recht zuwiderläuft?
MISTH. Es ist fair.
PROM. Dann ist es auch fair, mich abzusetzen? Das nennst du fair?
APOM. Fairer geht's wirklich nicht.
COSM. Setzt ihn ab! Vertreibt ihn! Nieder mit ihm! Weg mit ihm!
PROM. Himmel, errette mich von der abscheulichen Sünde, mit diesen gottlosen und betrügerischen Cosmopoliten zusammenzubleiben. Greift zu und führt mich weg, ich werde keinen Widerstand leisten; nur eines bitte ich, daß ihr euch beeilt.
MISTH. Quäl' dich nicht: Wir werden handeln, bevor du sprichst.
PROM. Wer fürchtet, zu verderben, verlasse diesen Palast.
APOM. Im Gegenteil, du verläßt den Palast und die Herrschaft, damit du verderben mögest.
PROM. Herrschaft machte mich verdorben. Ich war zuvor glücklich.
MISTH. Verbannung wird dich verderben.
PROM. Im Gegenteil: Glückselig machen.
APOM. Na, dann schmeck' mal diese »Glückseligkeit«!
PROM. Mit Freuden.
COSM. Mit Freuden vertreiben wir dich.
MISTH. Führt ihn zu den anderen Verbannten!
APOM. Herold, verkünde den Volksbeschluß.
HER.[70] Am sechsten Februar haben der Senat und das Volk einstimmig

Actus V. Scena VII.

Decrevit; Prometham fascibus, regiâ, regno abdi-
    candum:
Bonis fortunísque omnibus spoliandum; Tecto, urbe,
    viciniâ prohibendum:
Eóque solitudinis ablegandum, ubi aquâ & igni inter-
    dictum
Sibi sentiat. Qui eum tecto, agro, urbe exceperit; qui
    sciens
Règem appellârit; qui odio convitióque non accepe-
    rit; ei lex
Siremps esto; postliminium ad urbem, ad veniam ne esto.
Cosm. Abeat Promethes, abeat: exulet, exulet.
Misth. Nos intrò ad diripienda spolia tendimus.

SCENA VII.
CHORUS ANGELORUM,
vel Ephebulorum.

1. Qui fasces petit æmulus superbos,
    Et regni dominam potentis aulam,
    Si poenas dare, quas meretur, optat;
    Regnum noxius impetret, quod optat.
2. Tum farto licet incubet grabato,
    Et texto latus ambiatur ostro,
    Prolixas tamen exsecratus horas,
    Insomnes vigilabit inter umbras.
3. Quamvis Assyrio culina luxu
    Lautas suggerat excitata mensas;
    Quamvis Cæcuba ponat & Falerna
    Festis vina minister in culullis;
    Impastus tamen ille delicatas
    Inter pocula nauseabit escas.

1. Illi

beschlossen, daß Promethes hiermit seiner Ämter, des Palastes und der Herrschaft entsetzt sei. Alle seine Güter und Privilegien sind einzuziehen. Das Betreten von Cosmopolis und dessen Umgebung ist ihm untersagt. Er wird zur Armut in ein Ödland verbannt. Wer ihn aufnimmt, wider besseres Wissen König nennt, und ihm anders als mit Härte und Haß begegnet, den trifft die gleiche Strafe, und er sei für immer verbannt.
COSM. Weg mit Promethes! Weg! Verbannt ihn! Verbannt ihn!
MISTH. Wir gehen hinein, um seinen Besitz zu plündern!

SZENE VII.

CHOR DER ENGEL UND DER JÜNGLINGE[71]

1. Wer voller Hochmut nach hohen Ämtern
Und der Sphäre herrscherlicher Macht strebt,
Verdient die Strafe seiner Wunscherfüllung:
Er erlangt die schädliche Herrschaft.
2. Wenn es ihm gefällt, auf weichem Bett zu liegen
Und in luxuriösen Purpurgewändern umherzuwandeln
Und dabei dennoch seine Zeit verfluchen zu müssen,
Wird wie unter schlaflosen Schatten wachen müssen.
3. So sehr auch die Küche durch assyrischen Luxus
Vornehm gewürzte Speisen ihm darreicht;
So sehr auch Wein aus Caecubum und Falernum
In festlichen Pokalen der Diener ihm darreicht;
Hungrig wird er sich dennoch langweilen
Unter Pokalen voller Delikatessen.

1. Illi pectine si cohors eburno
   Ludat Threijcium novena carmen,
   Orpheam tamen ille cum profundo
   Miscebit gemitu dolendus artem.
2. Si fulgentibus hinc & hinc sarissis
   Stipent mille satellites euntem,
   Et cingant totidem ensibus clientes,
   Et strictis totidem aulici verutis;
   Pallebit tamen, & suas in ipsis
   Anceps civibus expavescet hastas.
3. Nulli fidere certus; usque summa
   Inter gaudia tristis; atque rerum
   Dum fasces quatit, & superbit auro,
   Toto cogitur exulare regno.
   Durum est exilium timere, durum est:
   Multò durius est, timere regnum.

SCENA VIII.

MISTHARCHIDES. APOMISTHUS. PSEUDOLOGUS. COSMO-POLIT.

M**isth.** Illum inferi, & inferæ, & inferorum quicquid est,
Et quicquid inferarum, ut perdat. Omnia
Secum abstulit Promethes. Arcas, scrinia,
Cistellas, discos expilavit. Omnia
Extersit, omnia hausit, omnia glutijt.
P**seud.** Nihil reliquit regium usquam in regiâ.
A**pom.** Si quem usquam Averruncum, qui maximas opes
Averrerit, converrerit, & averterit,

Vidistis;

[210]

1. Spielten auf elfenbeinerem Plektrum
Die Schar der neun Musen ein süßes Lied ihm,
Selbst mit Orphischer Kunst, tiefe Seufzer
Werden es ihm verbittern.
2. Beschützen ihn auch mit Spießen und Lanzen
Tausend Männer, wo immer er erscheint,
Und ebenso viele mit gezückten Schwertern
Oder mit ihren Speeren erhoben:
Wird er auch gegen Freund oder Feind geschützt,
Er wird dennoch in Furcht sein, und er wird,
Obwohl gegen Freund und Feind geschützt, erschrecken.
3. Keines Vertrauens sicher; und immer
In höchster Freude traurig; solange bis ihn
Die Gewalt zerschmettert und das Gold ihn bestimmt,
Vollkommen beherrscht von der Herrschaft.
Schwer ist es, die Verbannung,
Viel schwerer aber, die Herrschaft zu fürchten.

SZENE VIII.

MISTHARCHIDES. APOMISTHUS.
PSEUDOLOGUS. COSMOPOLITEN.

MISTH. Dämonen und Hexen und was in der Hölle ist, möge ihn zerstören. Promethes nahm alles mit sich. Alle Kästen, Kassetten, Kisten und Schlösser hat er ausgeplündert. Alles säuberte er, alles verzehrte er, alles verschlang er.
PSEUD. Nichts Herrschaftliches ist der Herrschaft übrig geblieben!
APOM. Wenn ihr irgendwo einen Räuber,[72] der die größten Reichtümer hingefegt, zusammengekehrt und entzogen hätte,

Actus V. Scena IX.

Vidistis; istic exul omnium fuit
Utique illorum magister unus & parens.
Misth. Decoxítne omnia solus? an ligurijt
Tam multa, tam repentè? Apom. Quid si rescijt
Sagax consilia nostra? & omnia clanculo
Præmisit? Pseud. Ille scilicet unus tam foret
Nasutus, cui subolerent illa? Misth. Fallimus
Tot alios, & semper tamen incauti manent.
Hic unus, si istuc prævidit, cautus fuit.
Apom. Certè meam spem elusit, qui prædæ nihil
Meis manibus reliquit. Misth. At verò mihi
Promethes ut multum abstulerit, multum tamen
Reliquit. Apom. Ecquid enim tibi reliquit? Misth.
  Odium
Sui, & desiderium. Apom. Illum tu desideras?
Misth. Sanè, ut quem maximè. Nam illum ego malis
  modis
Multarem, si coràm esset: pruriunt manus.
O si esset? Sed jam serum est, cùm illi irascimur.
Nunc nos dolemus; ipse ridet in sinum.
Apom. Nobis exilium è regno fecit: at sibi
In exilio regnum. Ego me ad alia confero.

SCENA IX.

NUNTIUS. COSMOPOLITÆ.

Nunt. PErij; periêre cives; perijt patria:
Perijt Cosmopolis; actum est, omnes perijmus.
Cosm. Quorsum hæc lamenta? Nunt. O cives! Cosm.
  Quid mali ominis?
Nunt. O cives! Cosm. Quid portendis? Nunt. O ci-
  ves! Cosm. Malùm?
Quid est? Nunt. O cives! ô cives! int erijmus.

Cosm.

sähet: Unser Exil wäre dessen Mutter und Lehrer!
MISTH. Kann er das alles denn überhaupt alleine bewältigt haben? Verbrauchte er so viel so schnell?
APOM. Was, wenn er scharfsinnig unseren Plan erriet? Und alles heimlich hinwegschaffte?
PSEUD. Wäre er dann demnach der Einzige, der eine so scharfe Nase gehabt hätte, daß er diesen Plan roch?
MISTH. Wir haben so viele andere getäuscht, und sie sind allesamt unvorsichtig gewesen. Dieser Einzige, wenn er das voraussah, war vorsichtig.
APOM. Er hat gewiß meine Hoffnung vernichtet, so daß er meinen Händen von der Beute nichts übrig gelassen hat.
MISTH. Mir aber hat er eine Menge hinterlassen, so viel er auch mitnahm.
APOM. Was, um Himmels willen, ließ er dir zurück?
MISTH. Den Haß auf ihn, wie den Wunsch nach ihm.
APOM. Du wünschst ihn dir wirklich zurück?
MISTH. Aber sicher, ihn mehr als irgend jemand. Denn ich bestrafte ihn durch Martern aller Arten, wenn er da wäre: Es juckt schon in meinen Fingern.[73] Oh, wenn er nur da wäre! Aber es ist schon zu spät, daß ich mich seinetwegen ereifere. Nun müssen wir leiden, während er im Schlafe lächelt.
APOM. Er machte unsere Herrschaft zu unserem Exil: Und sich selbst erzeugte er aus dem Exil die Herrschaft. Ich begebe mich woanders hin.

SZENE IX.

BOTE. COSMOPOLITEN.

BOTE. Ich bin verloren! Die Bürger sind verloren! Das Vaterland ist hin: Cosmopolis ist vernichtet! Es ist vorbei: Wir alle sind zerstört!
COSM. Warum diese Klagen?
BOTE. O Bürger!
COSM. Was bringst du mit dir?
BOTE. O Bürger!
COSM. Unheil? Was?
BOTE. O Bürger! O Bürger! Wir sind am Ende!

Cosm. Omnésne? Quomodo? Nunt. Omnes. Cosm.
   Quomodo? Nunt. Nescio.
Tamen perijmus. Cosm. Eloquere. Nunt. Date spatium
Tantisper, dum respiro. Cosm. Quid mali accidit?
Nunt. Promethes, quem jussistis me hinc abducere.
Cosm. Quid fecit? Nunt. In exilij locum vix venerat.
Cosm. Cùm nempe continuò perijt. Nunt. Nihil minus.
Nunt. Cùm innumeri mox occurrerunt. Cosm. Utique
   exules,
Qui jam antè ibi erant? Nunt. Nihil minus: sed
   milites,
Quos catus illuc præmiserat. Illi principem
Salutare, ac ille auri contrà copiam
Largiri; omnésque juramentum dicere
Sua in verba; auctoratis continuò duces
Præficere. Cosm. Unde illi is apparatus bellicus?
Nunt. Ab auro. Cosm. Unde exuli aurum? Nunt. Ah,
   nollite exulem
Credere; jam rex est; nostro in regno exul fuit.
Cosm. Quorsum autem illum ductare exercitum parat?
Nunt. Id nempe est quod perijmus. Contra perfidos
Sese armat cives; eversam hanc urbem cupit:
Excisum regnum, regni occisos incolas,
Deletam stirpem, expunctum nomen patriæ.
Cosm. Minatur solùm. Nunt. Jam sunt in viciniâ
Minæ istæ. Præcucurri anhelans, ut fugâ
Juberem vos vobis cavere. Jam imminet
Instátque tergo. Non exspecto. Cosm. Perijmus;
Perijmus cives; nisi mox fugimus, perijmus.

SCE-

[212]

COSM. Alle? Wie das?
BOTE. Alle!
COSM. Wie das?
BOTE. Ich weiß es nicht. Dennoch: Wir sind alle verloren!
COSM. Erkläre, warum!
BOTE. Laßt mich erst Atem schöpfen.
COSM. Was geschah Schlechtes?
BOTE. Ich hatte von euch den Auftrag, Promethes wegzuführen.
COSM. Was tat er?
BOTE. Kaum hatte er den Ort der Verbannung erreicht…
COSM. Als er sofort starb.
BOTE. Keineswegs: Als eine große Schar uns entgegenrannte.
COSM. Du meinst die Verbannten, die schon zuvor da waren?
BOTE. Ganz im Gegenteil: Soldaten waren es, die er listig vorausgesandt hatte. Sie begrüßten ihn als seinen Führer, und er wiederum verteilte Gold unter sie. Dann schworen sie ihm Treue, und er ernannte einige von ihnen zu Führern.
COSM. Wie kam er zu einer Armee?
BOTE. Durch Gold.
COSM. Wie kam dieser Verbannte zu Gold?
BOTE. Oh, denkt nicht von ihm als einem Verbannten. Nun ist er sicherlich ein Herrscher. Er war nur in unserer Herrschaft Verbannter.
COSM. Was gedenkt er mit seinen Truppen zu tun?
BOTE. Das ist es ja, weshalb wir verloren sind. Er bewaffnete sich selbst gegen uns, seine untreuen Untertanen. Er beabsichtigt, die Stadt einzunehmen, unsere Form der Herrschaft abzuschaffen und uns alle zu töten. Mit Stumpf und Stiel will er uns und den Namen unseres Vaterlandes ausrotten.
COSM. Leere Drohungen!
BOTE. Nein. Solche Drohungen sind sehr real. Ich bin vorausgelaufen, damit ihr rechtzeitig fliehen könnt. Promethes ist schon hier. Ich warte nicht.
COSM. Wir sind verloren! Wir sind verloren, Bürger! Wenn wir nicht fliehen, sind wir verloren!

SCENA X.
ANGELUS TUTELARIS
Pro Epilogo.

Nihil est, cur omnes æquè terreamini;
Bellum instat acre quidem intùs, pugnáque oppidò
Cruenta; sed intus, ut dixi; illis civibus
Funesta, qui Cosmopolitas se dictitant.
Quorum mores si nosse vultis, maximam
Hodie opportunitatem habuistis. Fabulam
Quippe hanc putatis esse, & historia fuit.
Quotus est, ah, quotus est quisque qui se decipi
Et vanâ spe lactari ab istis civibus
Non experiatur? Forma alium regem facit;
Alium pecunia; alium sanguis; & alium
Voluptas; & alium gloria; & alium aliud.
Hi laquei Cosmopolitarum sunt & doli,
Qui modò regem aliquando, ah regem! annuum creant,
Aliquando vix dialem! & interim tamen
Beatum sese talis esse existimat:
Ludíque se nescit, dum apprimè luditur.
Repentè enim casus & infortunia,
Morbi, clades, ærumnæ, mortes ingruunt
Incautis. Tum demum deceptos se vident,
Cùm jam videre nil prodest. Artem cupis
Discere, quæ adversus hoc prosit ludibrium?
Promethes docuit. Tu Cosmopolim decipe,
Ne te decipiat. Providos semper timet;
Improvidis & semper & solis nocet.

IOSEPHVS

SZENE X. EPILOG.

SCHUTZENGEL.

Es gibt nichts, weswegen ihr euch wie die anderen erschrecken müßtet. Ein bitterer Krieg wird hinter den Kulissen geführt, ein schreckliches Blutbad, aber ihr seid nicht in Gefahr. Das Unheil nimmt, wie ich sagte, hinter den Kulissen seinen Lauf und beschränkt sich auf die Cosmopoliten.[74] Wenn ihr etwas über deren Verhalten wissen wollt, dann habt ihr heutzutage eine glänzende Gelegenheit, damit vertraut zu werden. Ihr nehmt an, daß das, was ihr gesehen habt, bloße Dichtung sei, aber ich versichere euch, daß es Wahrheit ist. Wieviele, ach wieviele sind es, die von den Cosmopoliten geprellt und mit leeren Hoffnungen getäuscht werden. Wohlgestalt macht einen Menschen zum König; Geld einen anderen; Abstammung wiederum einen; Wollust jenen, und Ehre macht diesen zum König, und so fort. Das sind die Fallstricke und Listen der Cosmopoliten, die sich manchmal einen König, – oh, was für einen König –, für nur ein Jahr erschaffen. Er selbst meint, gesegnet zu sein; er weiß gerade dann nicht um dieses Spiel, wenn am meisten mit ihm gespielt wird. Plötzlich stürzen Unglück, Krankheiten, Mühsal und Todesfälle auf den Unvorsichtigen ein. Dann sehen sie sich auf einmal als Betrogene, wo doch solche Erkenntnis schon nichts mehr nützt. Möchtet ihr wohl lernen, wie man ihren Fehler vermeiden kann? Promethes lehrte es euch. Betrüge Cosmopolis, auf daß sie dich nicht betrüge. Sie fürchtet immer die Klugen und schadet immer nur denen, die sich nicht vorzusehen wissen.[75]

Kommentar

1 Bests These (Jacob Bidermann: Cosmarchia. Ed. and transl. by Thomas W. Best. Bern 1991: S. 115. Im folgenden zitiert als »Best (1991)«), daß das *argumentum* nicht von Bidermann selbst stammen könne, ist problematisch. Sein Argument lautet, daß im *argumentum* Adocetus dem Promethes die Lösung verrät, wie den Cosmopoliten zu entkommen sei, im Dramentext sei es jedoch Megadorus (V, 2). In (III, 4) wird jedoch bereits Promethes durch Adocetus implizit belehrt. Das Verhältnis von Argument und seiner Entfaltung durch den Dramentext bedingt von vornherein, daß nicht sämtliche Vermittlungsinstanzen des Argumentes in der Inhaltsangabe auftauchen können, sonst müßten hier auch alle komischen Szenen der Nebenhandlung genannt werden, in denen dieses Problem und seine Lösung ebenso angesprochen werden. Die Differenz von *argumentum* und Drama ist vielmehr konstitutiv für die didaktische Absicht Bidermanns: Es genügt nicht nur, Argumente zu kennen, man muß sie auch anzuwenden wissen. Die Anwendungsbreite wird erst dadurch erzeugt, daß die Haupthandlung des Dramas (Promethes und die Cosmopoliten) mit dessen komischer (Cornulus, Comus, Sagario, Stilpho) und tragischer Nebenhandlung (Schutzengel, Voraussicht und Klugheit gegen Ruhm, Reichtum, Ansehen, Macht und Lust) abwechselt. Diese Alternanz ist nicht nur rezeptionsästhetisch bedingt – durch Lachen einem Publikum die unangenehme Wahrheit sagen zu können – sondern argumentationsrelevant, da das prudentistische Argument: »Sei vorsichtig!« nicht abstrakt gepredigt werden kann, sondern nur situativ einlösbar ist. Gerade die Nebenhandlung bezeugt, wie schwer Klugheit zu erwerben ist, wenn man sich mit dem alten skeptischen Argument herumschlagen muß, daß alles nur ein Traum und mithin keine Erkenntnis zu gewinnen sei.

2 Cosmarchia wie Cosmopolis meinen natürlich etwas anderes als nur »*the country of the world*« und »*city of the world*« (Best [1991: 115]). Wie bereits der Untertitel angibt, bedeutet Cosmarchia »Welt-Herrschaft« mit den zwei möglichen Lesarten als *genitivus objectivus* und *subjectivus*: Herrschaft nicht nur als Objekt, sondern auch als Subjekt der »Welt«, verstanden in dem theologischen wie barocken Sinne von »Welt« als Verweigerung gegenüber der Transzendenz und Totalisierung von Macht. Cosmopolis ist der Schauplatz, auf dem exemplarisch diese Machtstrukturen beobachtet werden können. Bidermann schrieb in einem kultur- und wissenschaftshistorischen Kontext, der Zeit verräumlichte. Prominent geworden ist diese Verräumlichung nur in den Naturwissenschaften durch die Infinitesimalrechnung Leibniz'. Dabei wird übersehen, daß es nicht nur den Versuch eines Übertrags des mathematisch erfolgreichen Modells auf den Bereich des Geistes gab, den Dilthey auf den Begriff eines »natürlichen Systems der Geisteswissenschaften« im 17. Jahrhundert brachte; ebenso ist die Beobachtung wichtig, daß die prognostische Erkenntnis zeitlicher Verhältnisse, *providentia*, der eigentliche Helfer des Pro-methes, innerhalb des literarischen Bereiches selbst durch die Analyse konkreter Orte ermöglicht wurde, wie sie die Klugheitslehren in ihrer Fixierung auf den Hof, Andreas Gryphius in seinen Trauerspielen und Sonetten, ebenso aber auch Bidermann in seinen *Ludi theatrales* vornahm.

3 A-docetus: Der griechische Name, un-erwartet, zielt auf die Ahnungslosigkeit des Adocetus.

4 Daß sich dieser Spruch mittelalterlichen Epitaphien verdankt, unterstreicht nicht nur die Differenz zwischen Promethes und Adocetus (Best [1991: 115]), sondern gibt auch einen neuen Gattungsaspekt der *Cosmarchia* zu erkennen: Sie spielt auf die Tradition der Totentänze an.

5 Anspielung auf Plautus' *Aulularia* (Z. 57: latum unguem).
6 Gyaros war eine unfruchtbare Insel der Kykladen, auf die die Römer Verbrecher verbannten. Auch hier kann es sich um eine intertextuelle Anspielung handeln, denn auf Gyaros wurden prominente Stoiker wie Musonius verbannt. Die Insel ist damit nicht nur Index für Verbannung, sondern Symbol der in die Verbannung getriebenen stoischen Philosophie – ein angesichts der hochdifferenzierten Auseinandersetzung der Jesuiten mit dem Neustoizismus sicherlich nicht uninteressanter Hinweis hinsichtlich der Stellung Bidermanns. Denn Gyaros ist innerhalb der stoischen Philosophie des Musonius, was die Verbannungsinsel der Cosmopoliten für Promethes wird: der eigentliche Ort der Erfüllung. Musonius nahm seine Lehre erst wieder auf Gyaros auf und wurde so erfolgreich, daß ihm Zuhörer aus allen Teilen Griechenlands zuströmten. Ebenso wird Promethes erst durch den Ort der Verbannung zum eigentlichen Herrscher.
7 Augustinus *De civ.dei.* I, 10.
8 Diese Selbstreflexion auf den Status der Komödie ist nicht nur eine *captatio benevolentiae*, eine Erschleichung des Wohlwollens, die sich angesichts möglicher religiöser Widerstände empfiehlt. Denn die implizite Anspielung auf den Totentanz (Anm. 4) machte schon deutlich, daß es sich um mehr als eine Komödie im gewöhnlichen Sinn handeln muß, deren Wirkung im 17. Jahrhundert keineswegs bestritten wurde. Insofern handelt es sich um die Figur einer *aemulatio*, eine Überbietung innerhalb der Gattung »Komödie«. Das zeigt sich auch in der Innsbrucker Version des *prologus*: Es ist die allegorische Figur der Komödie, die selbst auftritt, und, ganz gleichberechtigt zur Schutzfunktion von Engel, Voraussicht und Klugem Rat, Promethes vor der anderen Allegorie des Betrugs schützt: Die Komödie ist die einzige Waffe gegen den Betrug der Welt.
9 Polytharses: wörtlich: der Überhebliche, der Vermessene, der Arrogante.
10 Sagario: wörtlich: die Axt. Das spätere Verhalten des Sagario zeigt in der Tat, daß er im Drama als Axt benutzt wird.
11 Melissus: Die Biene, genauer die Drohne. Mit diesem Namen könnten folgende intertextuelle Anspielungen verbunden sein: 1. Melissus ist eine Gestalt der griechischen Mythologie. Er ist Vater der Adrastea, die ausgerechnet mit einem *cornulus*, also mit dem der gleichlautenden Dienernamen in der *Cosmarchia*, attributiert wird. Diese Lesart ist allenfalls als Applikation eines überkommenen Bildfeldes möglich. 2. Melissus war ein wesentlicher vorsokratischer Philosoph; diese Lesart hat ihre Plausibilität darin, daß sich Bidermann in seinem Stück ständig mit der Philosophie und ihrer »cosmopolitischen« Orientierung auseinandersetzt. 3. Am wahrscheinlichsten ist eine Anspielung auf den Humanisten Paul Melissus Schede, den bedeutenden protestantischen Neulateiner, der aufgrund seiner deutschen Psalterübersetzung und vor allem wegen seiner Freundschaft zu Lipsius den ideologischen Kontrast zur neulateinischen Jesuitendichtung bildet. Weiter spricht dafür auch die Kombination mit den anderen Namen: Sie lassen sich auf die (Wander-)humanisten und ihre soziale Unangepaßtheit beziehen, in denen die Jesuiten mehr noch als in der Reformation den eigentlichen Gegner erkannten, da diese mit der Antike und nicht mit der Bibel argumentierten. Vor allem der durch die Antikerezeption vermittelte Neustoizismus legte die Möglichkeit einer säkularen Selbstbehauptung dar, wie sie etwa das dichterische Werk Flemings verkörpert, eine philosophische Selbstreflexion, die apriori Tradition als Argument ausschloß und auf die eigene Einsicht setzte.
12 Moscus: Die Fliege. Moscus ist, wie Grimmelshausens *Calender* belegt, im 17. Jahrhundert Sinnbild für einen Schulfuchs; der Name deutet auf das »umhersummende« Wesen der Wanderhumanisten; es ist auch eine Anspielung auf den gleichnamigen englischen Eremiten des 16. Jahrhunderts möglich.
13 Pernio: Die Frostbeule.

14 Das Übersetzungsproblem der folgenden Szene ist, daß Bidermanns Slang-Parodie einerseits eine Improvisation durch einen »native speaker« erforderte, wenn ihr pubertierender Ton für ein gegenwärtiges Publikum glaubwürdig sein soll. Andererseits handelt es sich hier nicht um die Wiedergabe einer »authentischen« Rede, sondern eben um deren Parodie, durch die auch bei Bidermann das Publikum auf Distanz gebracht werden soll: Der Vulgär-Semantik des jungen Dieners widerspricht die artistische Rhetorik und die elaborierte lateinische Syntax, in die sie eingebaut und von vornherein verfremdet ist.

15 Intratextuelle Anspielung auf Bidermanns *Josephus* III, 6.

16 Der Name steht nach Aristophanes' *Acharnians*, Z. 597 für einen, der ein Amt nur des Lohns wegen betreibt.

17 A-docetus ist einer, der ahnungslos ist.

18 Der Name kann auf Aurelius Valerius Maxentius anspielen. Er wurde 306 von den Prätorianern zum Augustus ausgerufen. Er besiegte und ermordete den rechtmäßigen Augustus des Westens, und ließ sich erneut zum Augustus ausrufen. 308 wurde ihm die Augustuswürde wieder aberkannt, und 312 wurde er von Konstantin dem Großen getötet. – »Maxentius« bezeichnet also einerseits das Problem der Herrschaft. Mit ihm kann aber auch ein religiöser Kommentar gemeint sein, da Maxentius nach der *legenda aurea* durch die Begegnung mit der Heiligen Katharina, die er foltern ließ, zum Christen wurde.

19 wörtlich: Tod dem Tarquin: Tarquinius Superbus, Lucius, war der Sage nach siebter und letzter König von Rom (Regierungszeit 534-510 v. Chr.), und gilt als Muster des Tyrannen schlechthin. Nachdem er sich gewaltsam des Thrones bemächtigt hatte, etablierte er eine Schreckensherrschaft. Seiner Gegner entledigte er sich durch Gewalt und Mord und eignete sich deren Vermögen an. Nachdem sein Sohn Sextus die römische Jungfrau Lucretia vergewaltigt hatte, die daraufhin Selbstmord beging, wurde Tarquinius durch einen Volksaufstand entmachtet und seine Familie aus Rom vertrieben.

20 cf. Vergil, *Aeneis*, VI, 354.

21 Diese Stelle ist aufschlußreich für das Verhalten der Cosmopoliten wie die Motivation des Jesuitendramas. Die zunächst unverständliche Gleichsetzung des Adocetus mit Tarquin entstammt der durchaus rationalen Angst vor einer Tyrannei. Daraus folgt die Begründung für die temporäre Monarchie der Cosmopoliten, die gerade mit der politischen Theorie der Jesuiten konform ist: Da die Macht vom Volk ausgeht, kann sie auch nur durch dieses zurückgefordert werden: »Wenn keiner gehorcht, befiehlt keiner« (S. 169.). Die Spezifik der impliziten politischen Theorie Bidermanns ist daher nicht in einer Entscheidung für oder gegen das absolutistische Prinzip des 17. Jahrhunderts zu sehen; obwohl eher »demokratisch« ausgerichtet, liegt seine Kritik in jener Form der Demokratie, die mit perfiden Mitteln die von ihr selbst legitimierte Herrschaft destruiert. Der Schutz vor der Tyrannei darf nicht in ein amoralisches Handeln ausarten, das unverbindlich (I, 3) und gewissenlos (IV, 4) ist. Eine Form der Demokratie, in der von vornherein die Begrenzung der Macht durch die Zeit klar ist und bei der transparente Spielregeln gelten, hätte Bidermann daher nicht von vornherein ablehnen können. Das Gegenbeispiel des Promethes, der wie die Jesuiten mit Betrug auf Betrug zu antworten versucht, macht klar, daß der Vertrag zwischen Volk und Herrscher (auch von Seiten des Herrschers) dann gelöst werden kann, wenn die moralische Grundlage hierfür gar nicht mehr gegeben ist. Das Verhältnis von Herrschen und Gehorsam wird im gesamten Stück von unterschiedlichen Seiten her beleuchtet und keine von ihnen, ob »oben« oder »unten« ist von vornherein gut zu nennen. Es gibt in einer solchen *argumentatio ad utramque partem* keine absolute Lösung, sondern nur ein Reflexionswissen, das al-

lerdings das Phänomen Herrschaft als ausgesprochen ambivalent zeigt, da ja, wie Adocetus und Promethes zeigen, die »Herren« die eigentlichen »Knechte« eines Volkes sind, das über eine ihm eigentümliche Form des Machtwissens verfügt und als »Karneval« (Bachtin) auch einen neuen moralischen Blick auf seine scheinbare Amoralität wirft. Folgt man Bachtins Analyse von Literatur und Karneval, so könnte man auch hier das amoralisch Scheinende als das für das Überleben Notwendige ansehen: Wer herrscht, hat dann weniger zu urteilen, als Vorsorge für die Vitalität des Volkes zu treffen – das scheint die Absicht Bidermanns gewesen zu sein, die er nicht zuletzt durch seine Komödien durchsetzte. In ihnen erledigt sich das Purifikationsproblem politischer Theologie – wie soll vor dem Absoluten Sühne für das Negative einer Gesellschaft geleistet werden? – durch die Literatur. Darin ist ein wesentlich humaner wie moderner Zug der Jesuitendramen zu sehen.

22 Die Inkonsistenz, das Adocetus hingehen kann, wohin er will, obwohl es nur einen einzigen Ort der Verbannung gibt, ist vielleicht dramaturgisch beabsichtigt: Im Eifer des Gefechts vergessen die Cosmopoliten ihre eigenen Machtgrundlagen. Auch wenn Adocetus geht, wohin er will, werden sie ihn schließlich auf die Insel der verbannten Könige bringen.

23 Der Name »Promethes« ist zweideutig, er bezeichnet den Vorauss-Sehenden, den Klugen, kann aber auch einen Schwebenden meinen (vgl. o. Anm. 11f. zu den Humanisten) – beide Lesarten könnten sich hier in einer Person vereinigen.

24 Im Unterschied zu »Mistharchides« einer, der ohne Gehalt lebt, ein Rentier.

25 »Pseudologus«: Der Lügner. Möglicherweise aufgrund der großen Bedeutung der römischen Komödie für das Jesuitentheater eine Anspielung auf den *Pseudolus* von Plautus – sozusagen ein Namenspiel, in dem der Name »Pseudolus« selbst falsch bezeichnet wird.

26 »omnes decipi volunt« ist ein geläufiges lateinisches Sprichwort, das vor allem in den Fabeln Anwendung findet und sich im Sinne einer *argumentatio in utramque partem* zweifach auslegen läßt: An der angegebenen Stelle verwendet Mistharchides die Sentenz »Jeder möchte betrogen sein« als Grundlage seiner zynischen Machtpolitik. Ebenso aber verwendet sie auch der Engel in (II, 2) als Wissen der himmlischen Weisheit. Daß die Welt getäuscht sein will und deshalb getäuscht werden soll, kann geradezu zum Motto der gesamten Komödie wie zur Kennzeichnung der jesuitischen Klugheitslehre dienen.

27 Der Betrug dieser Art von »Demokratie« ist offenkundig und entlarvt die ganze Diskussion um für und wider die Bedeutung des Zufalls und der Kompetenzen in der politischen Führung als Scheinproblem, da von vornherein feststeht, daß nur ein unkundiger Fremder der Herrscher sein wird.

28 Diese Stelle ist für die immanente Theologie des Stückes aufschlußreich: Das Denken, genauer die beratende, auf die Zukunft ausgerichtete Rede (»deliberat«) als der größte Feind der Cosmopoliten impliziert, daß, da Cosmopolis das ausgezeichnete Paradigma des Irdischen ist, der christliche Glaube wesentlich durch Deliberation bestimmt sein muß.

29 Terenz, *Andria*, 82-83. In den Zeilen 82-83 richtet sich das »certe captus jam est« auf die Verführung eines jungen Atheners, Pamphilus. Dieser intertextuelle Bezug ist aufschlußreich dann, wenn man den gesamten Kontext des Stückes mitbedenkt: Pamphilus liebt Glycerium, die von ihm ein Kind erwartet. Sein Vater Simo, der ihn mit einer anderen, der Tochter des Chremes verlobt hat, drängt auf baldige Heirat. Auf den Rat des Sklaven Davus widerspricht Pamphilus zunächst nicht. Als Chremes zufällig Glyceriums Kind sieht, sagt er die Hochzeit ab; da sich jedoch herausstellt, daß er auch Glyceriums Vater ist, steht dem Glück des Pamphilus nichts mehr im Wege; die andere Tochter wird dem Charinus, der sie liebt, zur Frau gegeben. Wie im *Heautontimorumenus* ist die Problematik nicht in der Verführung selbst zu sehen, sondern im Verhalten eines Va-

ters, der seinen Sohn wegen einer Liebe, die er mißbilligt, verstößt. Beide Stücke handeln von einem Generationenkonflikt, der eine Wiedererkennung im Fremden ermöglicht. Dieser Bezug wirft auf das Jesuitendrama einen ganz anderen und neuen Blick: Promethes ist nicht nur »verliebt in diese Welt, ist ihr Gefangener, von ihrem Giftpfeil getroffen« (P.-P- Lenhard: *Religiöse Weltanschauung und Didaktik im Jesuitendrama. Interpretationen zu den Schauspielen Jacob Bidermanns.* Bern 1976. S. 360). Die hohe poetische und poetologische Bildung der Jesuiten – vor allem Pontans *Poeticarum institutionum libri tres* (1594) und Masens emblematische Theorie – sah sich auch mit dem Problem einer *aemulatio*, Überbietung, der Antike konfrontiert, das bereits in der römischen Komödie explizit auf dem Theater angesprochen wurde: »Denn wer sich heut auf die Bretter vorwagt, muß was Neues auf neue Weise irgendwie erfinden. Wer's nicht kann, räume seinen Platz dem Könner« – so die Publikumsanrede des Pseudolus im gleichnamigen Stück. Dieses Können führte bei Bidermann nicht nur zur Verfeinerung einer sich selbst überbietenden poetischen Selbstreflexivität, sondern auch zur Bindung seines einfacheren Publikums: Die Possentypen in der *Cosmarchia* – der Verlogene, der Schmarotzer, der Geizhals, der Prahler, verdanken sich Plautus. Die besondere Bedeutung der *Andria* aber besteht über die *Cosmarchia* hinaus für den christlichen Humanismus insgesamt darin, daß der dort geschilderte Generationenkonflikt zwischen Vätern und Söhnen nun neu auf den anderen »Generationenkonflikt« zwischen der klassischen griechischen Kultur und das Christentum selbst bezogen werden konnte: Die Antike mußte nach dieser Lesart nicht nur poetisch überboten werden. Sie selbst war die eigentliche Versuchung, die es je nach Lesart entweder zu verbrennen (»Chrysis«), unter anderem Namen zu amalgamieren (»Glyceria«) oder als gleichberechtigte Schwester anzuerkennen galt (z.B. in Th. Wilders Roman *Die Frau von Andros*). Neben Wilder sind Bidermanns ständige Anspielungen auf Plautus ein Beleg für die Tatsache, daß sich die Selbstdefinitionsversuche des Christentums nur unter Rekurs auf die fremde Antike vollziehen konnten.

30 Der offensichtliche Widerspruch zu (II, 1), wo berichtet wird, daß Polytharses Cosmopolis noch nicht verlassen hat, läßt sich nur so lösen, daß »Verbannung« im Sinne von »Festnahme als Vorbereitung zur Verbannung« verstanden wird.

31 Das komische Spiel mit »schien« *(quasi)* verdankt sich vermutlich Plautus' *Rudens* (1212ff, 1269ff): Auch hier wird in einer »populären« Komödie ein selbstreflexives Spiel inszeniert, das die Gattung selbst in Frage stellt.

32 Terenz, *Phormio*. Z. 68. Während der Abwesenheit der Väter, Chremes und Demipho, heiratet Antipho, der Sohn Demiphos, ein Mädchen aus Lemnos; Phaedria, der Sohn des Chremes, verliebt sich in eine Zitherspielerin. Von dem heimgekehrten Demipho läßt sich der Parasit Phormio eine Summe geben, für die er verspricht, selbst die Lemnierin zu heiraten; doch verwendet er das Geld, um die Zitherspielerin loszukaufen. Da sich herausstellt, daß die Lemnierin eine Tochter des Chremes ist, darf Antipho sie behalten. – Die Intrigenkomödie wird hier von Bidermann klar auf die theologische Problematik angewendet, Promethes wird durch das intertextuelle Zitat hier als das antizipiert, was er noch gar nicht ist: Der schlaue Parasit, der parasitäre Strukturen gegen sich selbst zu wenden weiß. Siehe hierzu die Arbeit von Michel Serre *Der Parasit*, die einen neuen Blick auf die alten Jesuitendramen ermöglichen könnte.

33 Lydischer König (ca. 560-546 v. C.), sprichwörtlich berühmt für seinen Reichtum.

34 Arion: Legendärer Lyraspieler. Seine Musik brachte einen Delphin dazu, ihn vor dem Ertrinken zu retten.

35 Amphion: Sohn der Antiope und des Zeus. Sein Bruder Zethos erhielt von Hermes eine Leier zum Geschenk, die er so meisterhaft spielte, daß selbst Apollon ihn seines Umgangs

würdigte. Zethos wurde ein Hirt, mit großer Körperkraft begabt. Mit ihrer wiedergefundenen Mutter Antiope nach Theben zurückgekehrt, umgaben sie die Stadt mit Mauern: Zethos brach gewaltige Felsblöcke aus den Bergen, Amphion aber ließ sein Saitenspiel so erklingen, daß sich die Steine nach dem Klang seiner Musik zusammenfügten. Weil Amphion die siebensaitige Leier erfunden hatte, entstanden ihm zu Ehren die sieben Tore von Theben. Wesentlich an dieser Sage ist die Kooperation von Amphion und Zethos: Nur weil sie eine innige Bruderliebe verbindet, gelingt das Unglaubliche.

36 Orpheus konnte wie Amphion durch Musik Steine bewegen. Beide werden in Horaz' *Ars poetica* 391-396 erwähnt: »Als die Menschen noch in Wäldern hausten, hat Orpheus als priesterlicher Künder des göttlichen Willens sie erzogen, daß sie sich abwandten von Bluttaten und gräßlicher Speise: weshalb auch die Sage meldet, er habe Tiger zur Sanftmut bekehrt und tollwütige Löwen. Die meldet auch von Thebens Erbauer Amphion, Steine habe er durch Lautenklang bewegt und durch des Lieds einschmeichelnde Gewalt geführt, wohin er wollte. Dies war die uranfängliche Sprache der Weisheit [...]« Die Differenz zwischen Arion, Orpheus und Amphion ist also nicht beliebig, es werden nicht nur Musiker zitiert, sondern mit ihnen ein poetologisches Programm, das, da es sich um Einschmeichelungen handelt, von Bidermann theologisch kritisiert wird.

37 »Reale« Träume (s. II, 1) dienen bei Bidermann dazu, auf die Traumhaftigkeit menschlicher Realität hinzuweisen.

38 Lateinisches Sprichwort, das sich mehrfach kontextualisieren läßt. Interessant scheint vor allem der Bezug zu Terenz' *Phormio* Z. 203 [s. Anm. 31]. Aber auch ein Bezug zur *Aeneis* X, 284 ist denkbar. Denn hier fällt der Satz nicht als platte Binsenweisheit, sondern in einem für das Jesuitendrama zentralen Aspekt, der auch dem *Phormio* nahesteht: Die parasitäre Ausnutzung parasitärer Strukturen durch die Entgegenstellung von Trugbildern, *simulacra*. Solche Simulacren können die Dichtung selbst bezeichnen, was logisch gesehen zu einem infiniten Regreß, diskursethisch jedoch zur Aufklärung über die Darstellung der Bedingungen einer Argumentation führt. Diese hochinteressante Selbstreferenz der Dichtung findet sich bereits im zehnten Buch der *Aeneis*: Juno und Venus stehen sich in einer Götterversammlung im Streitgespräch gegenüber. Jupiter zeigt sich eher als komische Figur, wenn er nicht selbst, sondern das Schicksal entscheiden läßt, indem sterbliche Völker gegeneinander kämpfen: Der Rutulerfürst Turnus wird in einen Scheinkampf gegen Aeneas verwickelt – Juno stellt ihm ein Trugbild des Aeneas entgegen, so daß seine Kräfte gebunden sind und der wahre Aeneas den Verbündeten des Turnus, Mezentius, der nun die Hauptlast des Kampfes tragen muß, verwunden und schließlich töten kann. Prominent geworden ist die Auffassung der Dichtung selbst als Trug- und Schutzschild durch Ariosts *Orlando furioso*.

39 Für die Auffassung der Jesuiten und ihre Differenz zur Theologie Luthers charakteristisch ist ihre Bestimmung der menschlichen Willensfreiheit: Selbst die höchsten Engel Gottes können nur versuchen, den menschlichen Willen zu bewegen. Aber auch dann muß dieser Wille nicht notwendig sich von Gott, genauer gesagt: von der katholischen Kirche, führen lassen. Das führt zu einer gravierenden Inkonsistenz im Dogmengebäude: Gott ist nicht mehr der Allmächtige und Allwissende, während Luthers Theologie in diesem Punkt eine bemerkenswerte Konsequenz besitzt, indem sie Allmächtigkeit, Allwissenheit, vor allem aber Allgüte nur Gott allein zuspricht.

40 wörtl.: Rummel, Orgie.

41 wörtl.: Hörnchen, ein lauter Mensch. Comus und Cornus treten in Bidermanns *Philemon* auf. Eine parodistische Verkehrung des Bildfeldes der Adrastea ist möglich (s. Anm. 11). Best (*Jacob Bidermann*. Boston 1975. S. 236. Anm. 16) verweist allerdings auf die

naheliegendere Möglichkeit des Clarin, der »Trompete«, in Calderons *Vida es sueno*, sicherlich einer der zentralen Praetexte Bidermanns.

42 cf. *Josaphatus* I, 7. (*Ludi theatrales* II, 327)
43 Von Bidermann gern benutzter *topos* zur Karikatur der Parasiten. cf. *Ludi theatrales* I, 306 u. II, 15 u. 327.
44 cf. *Belisarius* V, 9.: Der blinde und entmächtigte Belisarius wird von seinem jungen Sohn Arcadius geführt. Möglicher Prätext: Sophocles: *Oedipus at Colonus*.
45 Die Selbstbenennung durch die gegenwärtige Lage ist wesentliches Stilmittel der römischen Komödie.
46 Sprachspiel im Sinne der römischen Komödie: Adocetus war selbst nicht »Promethes«, d.h. klug, vorausschauend, aber er hatte dieselbe Rolle des Königs inne.
47 Die typographische Besonderheit dieser Stelle ist zu berücksichtigen, die auch stilistisch durch ein Latein unterstützt wird, das die Prosa poetisiert. Diese Rede ist das argumentative Zentrum des Textes, von dem aus erst Promethes zum Vorausschauenden wird: »Deine Worte töten mich!«
48 Antizipation von (V, 1). Durch solche Vorgriffe erzeugt Bidermann eine hohe Textkohärenz, die seine Lehre als Invarianzherstellung in der Zeit praktisch vorführen.
49 Die radikale Kritik des Parasiten ist strukturbildend für die römische Komödie (z.B. Plautus' *Captivi*). Das Jesuitentheater, speziell aber Bidermann (*Macarius, Cenodoxus*) formuliert seine Theologie durch die Stimme des redlichen Dieners, der sich über die Parasiten beschwert, obwohl ihm selbst dadurch kein Vorteil entsteht.
50 Neulateinischer *topos*, der sich wahrscheinlich aus Terenz' *Andria*, Z. 204 ableitet.
51 Comus spiegelt auf einer trivialen Ebene Promethes ab. Solche wiederholten Spiegelungen sind konstitutiv für das Theater Bidermanns und stiften eine große Kohärenz besonders hinsichtlich der Rezeption durch ein sehendes und hörendes, aber nicht lesendes Publikum. Sie schulen die Fähigkeit, in Analogien zu denken und so ein auf die Zukunft gerichtetes Handeln zu ermöglichen.
52 Übernommen aus Terenz' *Phormio*, Z. 389f. Bidermann verwendet diesen Namen auch in *Josephus* II, 4ff.
53 cf. Bidermanns *Utopia* VI, 9. In der dramatischen Fassung wird dieselbe Fabel jedoch anders inszeniert. Der Wortwitz in Z. 744f. *lege talionis / lege taleronis* kann nur in der Situation des Wortwechsels erfolgen, nicht aber in einem Novellenzyklus, der wesentlich über Beschreibungsverhältnisse in der Zeit organisiert ist, die keine Plötzlichkeit zulassen. An diesem Beispiel zeigt sich sehr schön die Meisterschaft Bidermanns, dem Diktum Horaz' gemäß, das von vielen Dichtern des 17. Jahrhunderts befolgt wurde, Stil und Sache aufeinander zu beziehen. Best ist daher zu korrigieren, wenn er Bidermann einen stilistischen Mangel vorwirft (1991: 128). Der fragwürdige Wortwitz ist einerseits in der dramatischen Situation des Zeitdrucks und schneller Entscheidung, wo ein Wort das andere gibt, durchaus wahrscheinlich, andererseits unterstreicht die sprachliche die menschliche Absurdität, wenn dem Stilpho befohlen wird, zu schlafen und zu schnarchen, um dann im befohlenen Schlaf auf den Blemmus zu fallen.
54 Anspielung auf *blennus*, Tölpel, wie er in Plautus' *Bacchides*, Z. 1088 auftaucht.
55 Schwer zu übersetzendes Wortspiel, das auf dem Mißverständnis von *lege talionis / lege taleronis* beruht.
56 Das Wortspiel »jus« in seiner Doppelbedeutung als »Suppe, Brühe« und »Satzung, Rechtsnorm«, wie es durch Ciceros *In Verrem* II, 121 für die neulateinische Dichtung prominent wurde (cf. *Josaphatus* III, 5 in den *Ludi theatrales* II, 364), verlangt im Deutschen das Äquivalent »Gericht« als »Mahlzeit« und »Gericht(stätte)«, in der das Recht verhandelt wird.

57 cf. *Josaphatus* I, 6. (*Ludi theatrales*, II, 325): »*Habent hanc humanae res.* [sic] / *Vicissitudinem; miscentur laeta tristibus, atque / Iterum tristia laetis.*« (»Die menschlichen Angelegenheiten haben solches Auf und Ab; Glückseligkeit und Traurigkeit sind miteinander vermischt.«)
58 Bewährte rhetorische Figur des *incrementum*, eines der vier *genera amplificationis* neben *comparatio, ratiocinatio, congeries*: Der zu amplifizierende Gegenstand, hier die besonders erschreckende Gottlosigkeit der weltlichen Machthaber, wird graduell gesteigert: »Kaum – noch weniger – überhaupt nicht«. Besonders eindrucksvoll ist, daß Bidermann das *incrementum* variiert, um es gleichsam zu überbieten: In *Calybita* I, 3, wo die Figur konsequent gestaltet ist, wird hier durch die scheinbare Abschwächung eines vierten Gliedes (»nicht viel«) deutlich, daß die Gottlosigkeit ihrer eigentlichen Bezeichnung ermangelt: Apomisthus hat zwar »nicht viel« Angst vor den Folgen der Gottlosigkeit, aber er achtet Gottes Gebote »überhaupt nicht«. Dadurch wird, obwohl der Negationsgrad sprachlich abgeschwächt wird, in sachlicher Hinsicht klar, wie verstockt Apomisthus ist. Diese kunstvolle Überbietung durch ein viertes Glied ist durch die *amplificatio* als *supra summum adiectio* (Quintilian 8, 4, 4) in der rhetorischen Theorie verortet.
59 »Gottlieb«.
60 »Ehrlieb«.
61 »Großmut«.
62 Der Auftrag ist auch in dramaturgischer Hinsicht sonderbar, da die Freunde von Adocetus nicht mehr erfahren werden als das, was Promethes acht Monate zuvor von ihm erfuhr. Entweder handelt es sich um eine konzeptionelle Schwäche Bidermanns – dafür könnten zwar die Umarbeitungen sprechen, die der vierte Akt erfahren hat; sie deuten allerdings mehr auf ein kompositorisch bewußtes Verfahren Bidermanns hin, der die Gleichgewichtigkeit aller Akte in je sieben Szenen vor Augen hatte. Daher ist auch denkbar, daß Bidermann durch den Akt IV, 5 der Fassung von 1666 den Schock und die Handlungsunfähigkeit des Promethes zeigen wollte.
63 Einsiedler.
64 Plautus, *Pseudolus* Z. 747.
65 Heraklitanspielung, die im Kontext des Jesuitentheaters ihre besondere Bedeutung besitzt, da sie der anti-heraklitischen, parmenidischen Position der Neustoizisten entgegengesetzt wird.
66 wörtlich: »Warum habe ich Unglücklicher denn diesen Würfel geworfen?« Anspielung auf das Sueton-Zitat »*alea jacta est*« aus dessen *Caesar*. Cf. *Ludi theatrales* I, 13 u. 87; II, 65.
67 wörtlich: »Nun, welche Bohne wird auf Promethes geschlagen werden?« Sprichwort aus Terenz' *Eunuchus*, 381 (»*istaec in me cudetur faba*«). Hier fürchtet der Sklave Parmeno, daß sein Rücken beim Auspeitschen wie eine Tenne fürs Bohnendreschen herhalten muß. Cf. V, 5 Z. 951und ebenso in *Jacobus Usuarius* I, 4 u. *Josaphatus* I, 2 (*Ludi theatrales* II, 101 u. 312).
68 Reflexion auf das Verhalten der Cosmopoliten in (I, 3) und auf Adocetus in (III, 4).
69 Wiederholung des Argumentes von S.190f., nun aber im neuen Kontext: Das Schauspiel als didaktische Form begründet sich dadurch, daß es den Prozeß von der Paralyse zur Handlungsfähigkeit exemplarisch an einer Figur – hier Promethes – vorführen kann.
70 Diese Rede des Herolds wird der Rede des Adocetus in S.190f. entgegengesetzt. Der in ihr genannte Termin bezieht sich, wie die Forschung auch bei anderen Stücken Bidermanns nachgewiesen hat (Best [1991: 132]), genau auf den Tag der Premiere.
71 Variationen dieses Gedichts in Bidermanns *Silvulae hendecasyllaborum* II, 3 und *Epigrammata* II, 3.

72 Averruncus ist ursprünglich der römische Gott, der Unheil abwendet; daß Apomisthus ihn zum größten Räuber stilisiert, kennzeichnet die denunziatorische Praxis der Cosmopoliten.
73 In *Josephus* I, 7 heißt es noch deutlicher »*Hui pruriunt in sanguinem manus*«, »es juckt in meinen Fingern nach Blut«.
74 cf. Plautus' *Captivi* Z. 58ff.
75 Die Gegner mit ihren eigenen Waffen schlagen zu können, ist wesentliche Lehre der Jesuitendramen, z.B. im *Josaphatus*, *Ludi theatrales* II, 374-78.

Jakob Bidermann: Die Kunst der Zitation (*Cosmarchia*)

Von Christian Sinn

1. Einleitung

Jakob Bidermann wurde 1578 in Ehingen an der Donau geboren. Die Kombination von strenger Religiosität und ausgezeichneter Bildung bestimmte seinen Lebensweg von Anfang an: Von 1586 bis 1593 an der Jesuitenschule in Augsburg erzogen, wo Jakobus Pontanus und Matthäus Rader lehrten, trat er am 23. Februar 1594 in den Jesuitenorden in Dillingen ein und studierte nach einem zweijährigen Noviziat in Landsberg von 1597 bis 1600 in Ingolstadt Philosophie. Für die nächsten drei Jahre kehrte er als Lehrer nach Augsburg zurück. Seine Beschäftigung mit dem Neustoizismus des niederländischen Philologen, Historikers, Philosophen und nicht zuletzt: des mehrfachen Konvertiten Justus Lipsius führte bei Bidermann wie bei vielen Jesuiten zu einer grundsätzlichen Orientierungskrise, die er in dem darauffolgenden Studium der Theologie in Ingolstadt (1603-1606) dogmatisch, als Lehrer der Poetik und Rhetorik am Münchner Gymnasium von 1606-1614 dann aber auch dramatisch zu bewältigen versuchte. 1626 wurde Bidermann als Bücherzensor nach Rom berufen, wo er ohne weiteres dramatisches Schaffen bis zu seinem Tod am 20. August 1639 lebte.

Bidermanns *Cosmarchia* (1617) kann als Auseinandersetzung mit Lipsius gelesen werden: Lipsius' Einsicht, daß die durch den Humanismus restaurierte Weisheit der Antike angesichts der politischen Umwälzungen und konfessionellen Kriege pragmatisch nicht mehr hilfreich war, führte ihn in den *Politicorum sive civilis doctrinae libri sex qui ad principatum maxime spectant* von 1589 zur Konstruktion eines weder naturrechtlich noch theologisch begründeten absoluten Machtstaates, der rein auf der Ordnung von Befehl und Gehorsam beruhte. Dieses Ordnungsmodell, wie es auch den Jesuitenorden bestimmte, operierte jedoch säkular und ging zudem von der durch den Machtstaatsgedanken nicht ableitbaren Annahme autarker Individuen aus. Lipsius war mit seiner Autarkieannahme für die Jesuiten ein viel gefährlicherer Gegner als die Protestanten, da er ihr Ordnungsmodell argumentationsimmanent fragwürdig werden ließ: Befehl und Gehorsam waren nun nicht mehr wie beim Ordensgründer Ignatius von Loyola strukturidentisch mit dem Dogma, sondern verkörperten sich in jenem säkularen Machtstaat, wie ihn dann die Neuzeit unter Rekurs auf Lipsius als Ordnungsinstanz etablierte, die neutral gegenüber dem Streit der christlichen Konfessionen war.

Diese für das europäische Denken wesentliche Trennung von Staat und Kirche hat ihren Ursprung nicht zuletzt in dem neuen philologischen Umgang des Neustoizismus mit Texten: Bereits 1440 durch Laurentius Vallas Nachweis der Konstantinischen Schenkung als Fälschung (*De falso credita et ementita Constantini Donatione declamatio*) war historische Textkritik durch die Einsicht motiviert, daß die entscheidenden Möglichkeiten zu Handlungsänderungen in den Individuen selbst und nicht mehr in einer schriftlich fixierten Weisheit zu sehen war, die es ihnen zu vermitteln galt, wie dies die Kirche und der Humanismus behaupteten: Die Philologie etablierte sich damit von ihrer ehemaligen Rolle als Hilfsdisziplin dieser beiden Instanzen zu einer mit ihnen rivalisierenden dritten Größe, die gegenwarts- und problemorientiert zur radikalen Historisierung des Textbestandes durch Editionen, Kommentare und Monographien aufforderte. Bidermann war einer der wenigen Männer der Kirche, durch den diese überhaupt eine Antwort auf die von ihr als bedrohlich erfahrene philologische Frage nach der historischen Kontingenz der Texte geben konnte: Hatte Bidermann doch nicht nur in seinen Dramen ein radikal philo-logisches Textmodell geschaffen, das die Verarbeitung von Texten im Drama reflektierte; er gab auch in ihnen, besonders im *Cenodoxus* und in der *Cosmarchia*, eine Lehre von der menschlichen Erkenntnis, die einen grundsätzlichen Irrtum zu erklären versuchte, in dem die Menschen befangen seien: Menschliches Handeln kann nicht, wie Lipsius meint, autark sein, da es durch Insignien gelenkt wird; Insignien sind Zeichen, die sich dem Kontext einer pervertierten Herrschaft verdanken, der allenfalls durch einen gleichsam allegorischen Tiefblick durchdrungen und aufgelöst werden kann. Will man also die ursprüngliche Bedeutung der von Gott gesetzten Zeichen wiedererkennen können, so muß dieser Tiefblick erst geschult werden, und zwar nicht zuletzt durch Dramen, die nicht mehr den bis dahin geltenden aristotelischen Regeln folgten, sondern von Bidermann als proteische Gebilde neu bestimmt wurden: Die verschiedenen Gestalten und Bedeutungen eines Zeichenkomplexes, exemplarisch die der Welt-Herrschaft, werden den Zuschauern vorgeführt, um so in jene Kompetenz einzuüben, die durch die Bibel selbst in Epheser 6, 10ff gefordert wurde: »Denn wir haben nicht mit Fleisch und Blut zu kämpfen, sondern mit Mächtigen und Gewaltigen, nämlich mit den Herren der Welt [...] so steht nun fest.« Diese Festigkeit schulte Bidermanns neues Drama, indem es seine Zuschauer mit rätselhaften, übermenschlichen Rollen, *personae*, konfrontierte. Die eigentümliche Didaktik Bidermanns scheint damit zwar den klassischen philosophischen Theorien des Irrtums verpflichtet zu sein; sie reagiert jedoch hellsichtig auf die von der zeitgenössischen Philologie eingeklagte Historizität der Texte: Bidermann stellt den Wechsel der Herrschaft genauer gesagt so dar, daß seine Darstellung selbst wechselt, indem sie den Begriff »Herrschaft« durch die Angabe seiner Bedeutungsvielfalt differenziert. Der kulturhistorische Kontext für diese Darstellungsform soll im folgenden skizziert und am Beispiel des Insigniengebrauchs analysiert werden.

2. »Die neue Kunst«

Seit der Antike gibt es den philosophischen Anspruch dramatischen Schaffens, durch Lachen seinen Mitmenschen unbequeme Wahrheiten zu sagen – »Philosophie« hier einmal nicht verstanden als Reflexion auf die Bedingungen der Möglichkeit des Erkennens, die abschließend in ein »System« gebracht werden soll, sondern Philosophie als Spott auf jene hohlen Konventionen, durch die sich das bürgerliche Leben selbst zu begründen und gegen jene abzugrenzen versucht, die es aus seiner Perspektive nicht zu Unrecht als gescheiterte Existenzen ansieht: ohne festen Wohnsitz, gezwungen, ständig umherziehen zu müssen, in freiwilliger Armut, Keuschheit und Gehorsam lebend – so stellt sich Philosophie als Lebensform im Gegensatz zu ihrer akademischen Verwaltung ewiger Wahrheiten dar.

Ihren Verbündeten hat die akademische Philosophie im Alltag, der Bequemlichkeit geradezu als Lebensnorm fordert, um nicht gestört zu werden. Dagegen revoltiert die andere Konzeption von Philosophie, und in der Formulierung ihrer unbequemen Wahrheiten unterstützt sie das Welttheater, in dem die prekäre Spannung zwischen einer »volkstümlichen« Rede, die benötigt wird, da nur sie bei den Zuschauern auf Akzeptanz stößt, und ihrem ganz und gar nicht volkstümlichen Inhalt ausgetragen wird. Lope de Vega, der wesentliche dramatische Zeitgenosse Bidermanns, formuliert diese Spannung in seiner *Neuen Kunst* von 1609 selbstironisch so: »Wenn ich eine Komödie schreiben will, verschließe ich die Regeln mit sechs Schlüsseln und werfe Terenz und Plautus aus meinem Studierzimmer, damit sie kein Geschrei erheben (denn die Wahrheit pflegt selbst in stummen Büchern laut zu werden) und schreibe nach dem Vorbild derjenigen, die den Beifall des Volkes wollten; denn da das Volk die Stücke bezahlt, so ist es billig, ihm Albernheiten zu bieten, wenn man ihm gefallen will.«

Selbstironisch ist diese Darstellung, da Lope de Vega wie Bidermann ihre Dramen gerade in der Tradition von Terenz und Plautus komponierten: Denn nur im Rückgang auf diese römischen Dramatiker erlernten sie die so schwere Kunst, wie man den Beifall des Volkes bekommen und es dabei dennoch so belehren kann, daß dieses die mühsame Arbeit des Studierzimmers nicht bemerkt. Plautus und Terenz zeigten Lope de Vega wie Bidermann, wie man sich dem Geschmack eines Publikums anpassen konnte, ohne ihm zu verfallen – denn Plautus gehörte nicht dem Studierzimmer an, er lernte seine Kunst durch die Beobachtung der Straße und wußte gutes Geld mit ihr zu verdienen: Der verlogene Diener, der Parasit, der halbstarke Jüngling, der *miles gloriosus*, all das, was bei Bidermann den dramatischen Reiz der Figuren ausmacht, sind Zitationen Plautus', die auch die konfessionelle Gegenseite gerne benutzte, wie die Herren Daradiridatumtarides und Don Horribilicribrifax bei Andreas Gryphius noch belegen. Der starke Bezug auf die römische Adaption der griechischen Komödie im 17. Jahrhundert relativiert deshalb den auf den ersten

Blick so leicht festzustellenden ideologischen Inhalt des Jesuitendramas erheblich und situiert ihn im Kontext des Welttheaters. Dieses aber läßt sich schon darum nicht konfessionell verengen, weil ein Hauptzug der römischen Komödie in der Aufklärung des menschlichen Geistes über die Täuschungen seiner selbst besteht, deren größte darin zu sehen ist, sich als grundsätzlich anders als die Anderen begreifen zu wollen. Eine solche Komödienkonzeption, die sich immer schon selbst relativiert, widerspricht von vornherein der Ideologie und jeglichem Fanatismus.

Bei Bidermann verstärkt sich dieser Eindruck einer Entideologisierung durch die römische Komödie, wenn er uns, wie Lope de Vega, nicht nur unsere Identität mit den Fehlern der Anderen begreiflich machen möchte, sondern wenn er uns »sekundäre« Metamorphosen bekannter Zitate, vor allem aus Terenz anbietet, wie die intertextuellen Referenzen im Kommentar zur *Cosmarchia* dies nahelegen: »sekundär« darum, weil Terenz selbst schon eine »primäre« Metamorphose des menschlichen Geistes zeigt: wie man sich in sein Anderes verwandelt, ohne sich jedoch mit diesem identisch zu wissen; und eben dieser Unwissenheit wegen bedarf es der Komödie: Terenz bestimmt sie als die Verwechslung zweier Positionen und ihrer Vermittlung durch die dritte Figur des Parasiten, der die Relation zwischen ihnen allererst erzeugt. Terenz übermittelte mit diesem geistreichen, selbstbezüglichen Witz der frühen Neuzeit das hellenistische Erziehungsideal der Großherzigkeit, *magnanimitas*, die nicht gönnerhaft als bloßes *laissez faire* verstanden wurde, sondern gerade auf die Einsicht in die eigenen menschlichen Schwächen und ihre Anerkennung zielte. Dieses Erziehungsideal verdammte nicht, sondern versuchte durch Lachen das Vertrauen in die Vernunft zu bilden.

3. Die *akme*

Auch die unbequeme Wahrheit der spätantiken Philosophie, ihre aggressive Sozialkritik wird damit entschärft und in Bidermanns Komödie noch weiter humanisiert; nicht in dem Sinne freilich, daß das Unbequeme durch Lachen versüßt werden müßte. Seine Komödie ist vielmehr identisch mit dem umrissenen Begriff von Vernunft als Selbstvertrauen aufgrund der Einsicht in die eigene Schwäche, und dies beschränkt sich nicht auf Bidermann allein. Die Jesuiten charakterisierten diesen Begriff von Vernunft in ihrem Ideal der *akme:* »ein goldenes Zeitalter des Friedens und der Künste, dem alle apokalyptischen Züge fremd sind, verfaßt und in aeternum garantiert durchs Schwert der Kirche.«[1] Hieraus folgt allerdings, daß alles, was die menschliche Schwachheit nicht nur zu verbessern versuchte, sondern die Verbesserung selbst in einen eschatologischen Horizont stellte, zum Gegner werden mußte. Die Jesuiten wollten nicht – wie einzelne Formen des Protestantismus – einen Zeitenumschwung erwarten, geschweige denn eine Endzeit – nicht zuletzt stand ihnen die Komödie deshalb näher als das Trauerspiel. Der größte Widersacher der *akme* war die Eschatologie, und Walter Benjamin reproduziert unkritisch diese gegenreformatorische Auffassung, wenn er sie als strukturbildend für das gesamte Barock behauptet: Es gibt keine barocke Eschatologie.[2] Diese Deskription wird dann von Benjamin normativ zur Abwertung des protestantischen Kunstverständnisses verwendet.[3] Dem widerspricht nicht nur das Beispiel von Andreas Gryphius: Auch Weckherlin, Fleming, v. Greiffenberg und Hoffmannswaldau konstruierten artifizielle Texte, die einerseits nüchtern darauf hinwiesen, daß die *akme* ein Ideal und keine Realität sei, andererseits aber sahen sie ihre eschatologischen Kontextualisierungen auch nicht als Negation von Zeitlichkeit überhaupt, sondern als deren humane Bewältigung: Ob und wie es dem Menschen überhaupt gelingen kann, in der Zeit (vor allem ethisch verstandene) Invarianzen zu bilden; exemplarisch vorgeführt wird das Paradox einer Verzeitlichung durch eschatologisches Interesse in Gryphius' Sestine *Vergänglichkeit der Welt*: Es ist gerade die Performanz dieses Gedichtes und kein theologisches Dogma, das die Zeit mit der Ewigkeit zu vermitteln weiß.

Bidermann bildete das unmittelbare Vorbild und Muster für diese durch Gryphius vertretene Variante des Protestantismus: Obwohl schon alles vom Ende her entschieden ist, besteht dennoch der Sinn des Geschehens im dramatischen Gang selbst und nicht in dessen Ziel: »Es gibt nichts, weswegen ihr euch wie die anderen erschrecken müßtet. Ein bitterer Krieg wird hinter den Kulissen geführt, ein schreckliches Blutbad, aber ihr seid nicht in Gefahr. Das Unheil nimmt, wie ich sagte, hinter den Kulissen seinen Lauf und beschränkt sich auf die Cosmopoliten«, heißt es am Ende der *Cosmarchia*. Aber woher kommt dann Bidermanns Verfahren, die Zuschauer in eine Erwartung kunstvoll hineinzuführen, um sie dann wieder herauszureißen? Diese Verfremdung ist, wie die Analyse Lenhards gezeigt hat, konstitutiv für die Sprechhaltung und Sprachrichtung der *Cosmarchia*, die den Zuschauer durch rhetorisch erzeugte Überforderung zu einer distanzierten Haltung gegenüber dem Bühnengeschehen provoziert. Bidermann könnte sie zwar aus Techniken der religiösen Didaxe entwickelt haben, näherliegend ist jedoch, daß er sich mit seinem Schluß direkt auf Plautus' *Captivi* bezieht: »Übrigens dürft ihr euch des Kriegs wegen nicht bange sein lassen [...] Es kömmt nichts auf dem Schauplatz davon vor. Denn es wäre sehr unbillig, wenn wir, da die Zuschauer ein Lustspiel erwarten, plötzlich in ein Trauerspiel fallen wollten.«[4]

Daß Bidermann Plautus nicht nur durch Zitate kannte, sondern ihn selbst las, ist bei dem Interesse der Jesuiten an der *akme* sehr wahrscheinlich; ihnen konnte, was in der Konzentration auf ihre religiöse Weltanschauung durchweg übersehen wird, nur an einer Komödie gelegen sein. Denn die Beziehungen der Jesuiten zur römischen Komödie sind nicht nur philologischer Art, sondern konstitutiv für einen primär auf Spiel und Reflexion, nicht aber auf unmittelbare Applikation bedachten Orden, dem nichts ferner lag als die gegenwärtige Zeit in die Endzeit zu transformieren; darum auch der Rückgriff der Jesuitendramatiker auf nicht-christliche Fabeln und das Alte Testament im Unterschied zu Gryphius, der zwar in der Stoffwahl auch auf das Jesuitendrama zurückging, es aber dazu verwendete, das zeitgeschichtliche Geschehen zu dramatisieren. Liest man einen Autor wie Bidermann gegen seine bisherige literarhistorische Verortung als Jesuiten, für den das Drama nur Mittel zum Zweck ist, so daß sich alles auch viel kürzer, nämlich theologisch-dogmatisch sagen ließe, so fällt dessen radikales Textmodell auf, das den Bezug vom christlich motivierten Dramentext zu seinen nicht-christlichen Prätexten noch einmal im Drama selbst reflektiert und so ein unendliches Spiel provoziert, das selbst noch die eigene Dramentradition vernichtet, um damit eine ganz neue Lehre zu errichten: Bidermann zitiert nicht nur Autoren wie Plautus und Terenz, er führt die Rezeption ihrer Zitation im Text selbst vor und innoviert damit das Theater grundsätzlich. Tarot sagt deshalb zu recht zu Bidermann: »Immer dann, wenn man – wie es z.B. in der Gryphius-Forschung geschieht – die »heutige Perspektive« zum Maßstab der Kritik macht, muß man auch Bidermanns Dramen unbefriedigend finden. Kennzeichnet man das Dramatische durch den Begriff der Spannung, dann lassen sich mannigfache Sünden wider den dramatischen Geist aufzählen.«[5] Wo Bidermann aber diese »Sünden wider den dramatischen Geist« begeht, wie etwa die Selbständigkeit und Vertauschbarkeit der komischen Nebenhandlungen gegenüber der dramatischen Haupthandlung, scheint er aus Gründen der *akme* die apokalyptische Applikation vermeiden zu wollen, d.h. er strebt eine strikte Trennung seines Dramenbegriffs von dem der vorangegangenen kämpferischen protestantischen Dramen an (Krüger, Frischlin, Naogeorg, Wickram, Birck, Manuel, Sachs). Diese gingen durchaus auch auf Plautus und Terenz zurück, und deshalb muß auch Bidermann die Rezeption ihrer Zitation in seiner Dramenhandlung zeigen, um, wie Plautus selbst in seinen *captivi*, das Drama durch sich selbst zu limitieren: Auch Dramen sind eben Machwerke der Menschen, Ausgeburten ihres Geistes, die zum Wahn entarten und die Herrschaft über ihre Erzeuger gewinnen können: Das ist die reflektierte Antwort Bidermanns auf die Reformationsdramen, die er dem ewigen Reiz der *captivi* verdankte; noch Lessing wird seine Dramenproduktion mit der Erkenntnis der *captivi* beginnen, daß sich der Geist nur durch die Komödie mit seinen eigenen Täuschungen auseinandersetzt.

Die Verfremdung am Ende der *Cosmarchia* durch das Plautus-Zitat ist wohl vorbereitet; sie ist das Resultat einer Dramaturgie, die sich mit Beginn des Textes mit dem alten skeptischen Argument auseinandersetzt, daß alles nur ein Traum und mithin keine Erkenntnis zu gewinnen sei, in der Nebenhandlung humoristisch zu der Frage zugespitzt, ob denn geträumte Prügel ebenso »real« seien wie »wirkliche«: »Als ich so nachsann, erinnerte ich mich, daß mich gestern, vor dem Traum, Polytharses gräßlich prügelte, bei hellstem Bewußtsein. Das war's, warum der heutige Traum so realistisch und handgreiflich war!« (S. 176f.; die Seitenangaben beziehen sich auf das lateinische Original.) Was sich dem Bewußtsein fest einprägt, das bestimmt auch den Traum: Diese einfache Gleichung im Falle des geprügelten jungen Dieners zeigt ihre kritische Potenz gerade in den weniger handgreiflichen Fällen, wenn es sich um ein Unglück handelt, das gar nicht wahrgenommen wird. So nimmt Adocetus nur die Insignien der Herrschaft auf, ihre »unheilvolle Oberfläche«, durch die »sich das Unglück verschleiert, so wie das Seidennetz im Wurm, der es spann, endet« (S. 190). Verschwenderischer Wohlstand, Wollust und Ehre verhüllen das, was nicht wahrgenommen sein will, und umgekehrt gilt, daß die wahre Herrschaft nur in der Metapher einer utopischen Insel des Exils konstruiert werden kann (S. 164). Bidermanns Verfahren besteht in der ständigen Schulung, das Fremde im Vertrauten zu entdecken, um Oberflächen als bloße Oberflächen erst erkennen zu können; wesentlich ist hierfür der sprachliche, weniger der sachliche Witz der komischen Szenen der Nebenhandlung: Wer nur seine eigene Sprache kennt, meint auch die fremde verstehen zu können und geht dadurch jenen auf den Leim, die aufgrund ihres gekonnten Einsatzes sprachlicher Register andere zu betrügen wissen. So gehört zur Herrschaft ganz wesentlich nicht nur »Körperbau, Größe, Stirn, Augen«, sondern auch »Redegabe und Klugheit« (S. 173). So wird der Leser mit jenen Zeichenklassifikationen der Herrschaft bekannt gemacht, die, obwohl nicht alle handgreiflich, sehr wohl begriffs- und handlungsbestimmend sind. Wer nicht zuerst die Semiotik menschlicher Herrschaft erforscht hat, wird ihrer Ästhetik der Oberfläche verfallen, das ist die ernst zu nehmende Lehre Bidermanns, und die Komödie wird ihm zum exemplarischen Medium der Beobachtung von Herrschaftsstrukturen.

Damit steht er in einer ganzen Reihe von Dramatikern des 17. Jahrhunderts, die den Bereich des Geistes dadurch wissenschaftlich ausmaßen, indem sie die ihm wesentliche Struktur der Zeitlichkeit auf die des dramatischen Raumes abbildeten, um so die Unberechenbarkeit der Zukunft durch die Angabe ihrer Extreme abschätzbar werden zu lassen. Das Drama des 17. Jahrhunderts ist eng verbunden mit dem wissenschaftlichen Kontext seiner Zeit, wenn es die Frage nach der Grenze menschlichen Erkennens und Wissens durch (text)räumliche Abbildungen zu lösen beginnt. Wenn Bidermann andererseits Promethes durch Adocetus die im Drama pragmatisch ja sehr gut funktionierende Lehre zur Zukunftsberechnung ausgerechnet durch einen Spruch mittelalterlicher Epitaphien und Totentänze mitteilt: *Was du nun bist, das war ich vor kurzem, und das, was ich bin, – zweifle nicht! –, das wirst du bald werden*, dann funktionalisiert er damit ein altes Erkenntnismodell neu; denn der Zweck des Spruches diente früher einer ganz anderen Erkenntnis, und doch war in ihr das Neue, das Bidermann anzugeben weiß, bereits schon angelegt: Die Rundumbemalung von Friedhofsmauern unter der Prämisse dieses Spruches konnte in einem begrenzten Raum zugleich das Bild der ganzen unendlichen Welt umfangen. Und umgekehrt gilt, daß Bidermann mit dem alten Spruch nicht nur ein neues Problem angeht, sondern auch ein ewig altes noch einmal neu erkennen läßt: Die Frage der Zukunftssicherung ist ja keine rein epistemische, sondern zielt vor allem auf das Verhältnis von Herrschen und Gehorsam, das im gesamten Stück von unterschiedlichen Seiten her beleuchtet, dem Zuschauer keine absolute Lösung angibt, sondern ihm nur jenes ambivalente Reflexionswissen mitteilt, wie es als eigentümliche Form des Machtwissens dem Mittelalter gerade in jenem Spruch ganz geläufig und durch den allesverschlingenden Tod auch belegbar war: Die Herren sind die eigentlichen Knechte, abhängig im Überlebenskampf gegen den Tod von einer Vitalität, die sich »Volk« nennt.

Der hier vorgeschlagene Versuch einer Kontextualisierung der *Cosmarchia* durch den zeitgenössischen Wissenschaftsdiskurs und ihren Rückbezug auf eine alte Ikonographie diene dazu, allgemein einen neuen Blick auf den Zusammenhang von *akme* und Komödie zu werfen: Das Purifikationsproblem politischer Theologie, – wie kann vor einem Absoluten Sühne für das Negative einer Gesellschaft geleistet werden? – soll im Jesuitendrama ohne jenen eschatologischen Kurzschluß gelöst werden, den die Jesuiten den Protestanten unterstellten. Daraus folgt freilich nicht, daß die Komödie mit der *akme* selbst gleichzusetzen sei; denn sie ist wesentlich satirisch ausgerichtet und stört damit ebenfalls das Ideal der Heiterkeit; belegt ist dies durch Bidermanns ausgefeiltes Spiel mit den vier Namen: »Sagario«, »Melissus«, »Moscus« und »Pernio«: Er spielt damit auf die Wanderhumanisten und ihre soziale Unangepaßtheit an, in denen die Jesuiten mehr noch als in der Reformation den eigentlichen Gegner erkannten, da diese mit der Vernunft und nicht mit der Tradition argumentierten. Im nächsten Abschnitt soll die Aufmerksamkeit auf die besondere Funktion dieses Namensspiels ausgerichtet sein, um von dort aus dann die Lehre von den Insignien im allgemeinen zu erschließen.

4. Das Namensspiel

Wie kommt Bidermann zu seinem Spiel mit Namen, das, wie noch zu erörtern sein wird, für seine gesamte Konzeption zentral ist?

Zunächst einmal gilt die wenig überraschende Feststellung, daß in der römischen Komödie immer schon mit Namen gespielt wurde; Namen spielen nicht nur auf den Charakter der durch sie benannten Figur an, sondern können wie im Falle von Plautus' *Pseudologus* – Der Lügner – titel- und sujetgebend sein. Namen stehen weiter aufgrund dramaturgischer Spiegelungsverhältnisse – wenn etwa Comus in komischen Szenen Handlungen und Probleme des Promethes nachspielt – in Relation zu anderen Namen, um so eine gemeinsame Begrifflichkeit zu evozieren. So wird durch die Vereinigung der semantischen Qualitäten von »Sagario«, »Melissus«, »Moscus« und »Pernio« auf das unstete, umhersummende Wesen der Wanderhumanisten angespielt; dieses Spiel Bidermanns ist gelinde gesagt sehr kühn; denn die Denunziation seiner Gegner gelingt ihm nur durch die Kompilation mythologischer Stellen, historischer und gegenwärtiger Referenzen, um die drohende Gefahr des Humanismus satirisch abwenden zu können: Der Humanist Melissus (Schede) ist einfach eine Drohne, wie sein Name ja auch schon sagt. Nun könnten zwar solche Denunziationen durch bloße Anspielung auf den Namen für sich genommen als geistlos abgestuft werden, sie stehen aber in einem allgemeinen Kontext, der von der Vorstellung getragen ist, der Name sei mit dem Bezeichneten selbst identisch bzw. seine Nichtidentität sei verdächtig. Hierzu muß man freilich die römische Tradition verlassen und sich auf die biblische besinnen. In (I, 4), (II, 3) und (III, 4) geht Bidermann über die bloße Qualität des Namens als Anspielung hinaus, wenn die Frage nach dem richtigen Namen zugleich szenenbildend ist: Der Name ist hier nicht bloßer Schall und Rauch, sondern leitet sich von der durch ihn bezeichneten Sache selbst ab. Das zentrale Gespräch zwischen Adocetus und Promethes macht deutlich, daß die Vertauschung von Namen das eigentliche Übel und den Inbegriff der *Cosmarchia* darstellt, in der mit der Herrschaft die Zeichen ständig wechseln. Gott anerkennen hieße wiederum, diesem Wechsel von Zeichen erst gar nicht zu verfallen, sondern hinter ihm Gott als dessen invariante Bedingungsmöglichkeit zu erblicken. Der Unterschied zwischen den Humanisten und Jesuiten ist auch semiotischer Natur: Bidermann zielt nicht auf eine Differenzierung der Begriffe wie der Nominalismus der Humanisten, sondern auf die exemplarische Bildung von Invarianzen. Er trainiert deshalb mit seinem auf reinen Klangähnlichkeiten beruhenden etymologischen Namensspiel die Kompetenz zur Ähnlichkeitserkenntnis. So wird die Frage nach der Herrschaft durch eine Zeichenlehre beantwortet, die weit über den Namen hinausreicht: »Körperbau, Größe, Stirn, Augen, Redegabe, und Klugheit wird uns die Frage nach der Herrschaft beantworten. Währenddessen kannst Du die Namen und die Herkunft ermitteln« (S. 173). Der Name als In-Begriff ist aber jenes Zeichen, in dem Zeichen und Bezeichnetes identisch sind.

5. Die fünf Insignien

Von diesem Spiel mit Namen, in dem die Zeichen unter dem Aspekt der Identität mit ihrem Bezeichneten vorgestellt wurden, wird die Lehre von den Insignien einsichtig als semiotisches Komplement, als Konzeption von Zeichen als subjektunabhängige Handlungsinstanzen. Wird im ersten Fall des Namensspiels Herrschaft interpretiert als Folge davon, daß das Subjekt Herr seiner Zeichenhandlungen ist – Extrem: der Manierismus und Concettismus – so mischen sich im zweiten Fall fremde Kräfte ein, durch die Bidermann die vermeintliche Selbstherrschaft als Halluzination interpretiert: Das Subjekt wird hier durch objektive Insignien definiert, die sich seiner Konstruktion entziehen und nicht mehr seine eigenen Handlungen sind. Diese Konzeption ist weniger ein Rest der mittelalterlichen Psychomachia; bei Bidermann gibt es durchaus schon einen Subjektbegriff, der im Konstruieren-Können von Zeichen besteht – anders hätte seine Komödie auch keinen Sinn – aber Bidermann ist andererseits auch noch nicht so »modern«, daß er beide Zeichentheorien so aufeinander bezöge, daß er das concettistische Ideal radikalisierte. Seine Vorstellung ist vielmehr die, so legt es jedenfalls das Schlußwort des Schutzengels nahe, daß diejenige Erkenntnis nichts nützt, in der man nachträglich erkennen muß, betrogen worden zu sein (Epimetheus); fruchtbar sei nur die Erkenntnis, die vorauszusehen versteht (Prometheus). Es ist daher nur einsichtig, ein Modell der Voraussicht an dessen Gegenteil zu entwickeln: Die Insignien sind zunächst einmal Abzeichen, die zwischen Subjekt und Herrschaft stehen; werden die Insignien entfernt, so wird auch das Subjekt der Herrschaft ent-setzt. Weiter können die Insignien sowohl als universal bezeichnet werden, da sie potentiell jedem zukommen, wie auch als individuell angesehen werden, da durch sie die Herrschaft auf eine einzige Person übertragen wird. Seltsamerweise sind die Insignien aber nicht nur eine bestimmte Sorte von Zeichen, die sich differenzieren lassen; sie treten selbst als Handelnde auf, die wiederum mit Insignien operieren, d.h. sie sind Zeichen von Zeichen, und das scheint das eigentlich Interessante an ihnen zu sein.

So treten in (II, 5) diese Zeichen gleichsam in zwei Gestalten auf; davon kommt die eine nur dem Herrscher zu und besteht in dem, was ihn als sozialen Solitär von den anderen unterscheidet: Die fünf Insignien Ruhm, Ansehen, Macht, Reichtum und Lust werden zwar von jedem gesucht, aber nur von einem gefunden; durch ihre andere Gestalt als Insignien der Insignien werden diese Abstrakta allen Menschen gemein: »Es macht nämlich kaum einen Unterschied, ob ihm [Promethes] unsere Zeichen [die wir selbst schon Zeichen sind!] wach oder schlafend erscheinen. Leben ist immer ein Traum, aber es ist noch nichtiger für die, die im Wachen schlafen. [...] Denn viele, obwohl sie wachen, träumen so [wie der König Promethes].« (S. 181f.) Beispiele für solche Insignien der Insignien sind im Text bezeichnenderweise griechische und römische Beispiele: Es handelt sich bei ihnen – zitiert werden Plautus' *Phormio*, Krösus, Arion, Amphion und Orpheus – nicht um eine bloße Illustration dessen, wie Promethes die Abstrakta Ruhm, Ansehen, Macht, Reichtum und Lust individualisiert, vielmehr wird seine Applikation durch diese Zitate ironisch gebrochen und neu kommentiert; ich habe im Stellenkommentar im einzelnen deutlich zu machen versucht, daß diese Zitate sowohl bereits einen theologischen Kommentar Bidermanns gegenüber dem Humanismus bedeuten, wie aber auch, daß sie eine komödienintern wichtige Funktion besitzen: Die intertextuelle Referenz legt den gelehrten Zuschauern und Lesern seiner Zeit Antizipationen für den weiteren Verlauf der Komödie und ihrer Auslegung nahe, d.h. diese Zitate sind ein metatextueller Kommentar über die (noch) unwissende Figur Promethes. Sie befriedigen aber auch ein einfaches Publikum und berücksichtigen es nicht zuletzt durch die vorangestellte Inhaltsangabe.

Die Insignien haben daher nicht nur Bedeutung für den Gelehrten, mit ihnen wird menschliche Wirklichkeit in einem ganz elementaren Verständnis angesprochen: Obwohl die Insignien gegenüber dem Menschen fremde, autarke Mächte darstellen, beruht ihre Macht darin, den eigenen natürlichen Neigungen entgegenzukommen; diese Abstrakta erfüllen ihre eigentliche Bestimmung nur in individuellen Rezeptionen. Gegenüber der neustoizistischen Ethik der Gelehrten werden damit Einflußfaktoren des sittlichen Handelns für das Volk benannt, die gar nicht in dessen Macht liegen und deren Gefährlichkeit gerade darin zu sehen ist, daß der Mensch durch sie halluziniert, seine Handlungen in der Gewalt zu haben. Indem Bidermann darauf hinweist, handelt er durchaus aufklärerisch und demokratisch, zumal die Akzeptanz der partiellen Ohnmacht des Menschen keiner pessimistischen Anthropologie entstammt, sondern auf dessen pragmatische Verbesserung zielt: Indem gelacht und reflektiert wird, läßt sich anhand der Komödie das eigene Handeln perfektionieren.

Eine derartige Auffassung widerspricht aber nicht nur dem elitären Neustoizismus, sondern ist Hinweis auf einen wesentlichen Wandel im Christentum selbst, von einem jenseitig aufgefaßten Heilsbegriff hin zu einem diesseitigen. Wie Güter zum Himmel zu senden seien – so der Untertitel – das wird in der Komödie selbst ja gerade nicht gezeigt; vielmehr dienen die Güter dem Prometheus zur Entfaltung seiner recht irdischen Macht, die eben nur besser und noch gewitzter als Cosmopolis selbst operiert. Grundlegend hierfür aber ist die Auseinandersetzung mit den Truggestalten der Insignien – sie treten als Schwestern auf, sind »Personen« im alten Sinne des Wortes *persona*, Sprechrollen, deren Rede verführen soll.

So reflektiert sich in der *Cosmarchia* ein noch für die Moderne geltendes Poblem: die Fragen nach der Autonomie des Menschen und wie in einer Welt gehandelt werden soll, deren göttlicher Ordnungsrahmen nicht mehr selbstverständlich verbürgt ist; wie – so heißt es an einer entscheidenden Stelle bei Bidermann – das Hilfsmittel erlangt werden kann, das »in Deiner[Prometheus] eigenen Klugheit gelegen [ist], das auch mir [Adocetus] zugänglich war, wenn mein Geist nicht ungeschickt gewesen wäre, wenn das Glück ihm nicht geschmeichelt und ihn aller Urteilskraft beraubt hätte.« (S. 162f.) Die Bildung von Klugheit und Urteilskraft ist das treibende Moment der Bidermannschen Komödie, nicht die bloße Verkündigung einer bestimmten konfessionellen Weltanschauung. Denn Bidermann liefert kein situationsunabhängiges Patentrezept, sondern versucht zu zeigen, wie Handelnde sich auch in Situationen der Auflösung ohne Illusion selbst beraten können. Dieses zentrale Problem menschlichen Handelns wird als Performanzambivalenz so formuliert: »*Wie man in einer Komödie, wenn der Vorhang gefallen ist, aus dem Theater geht, genau so muß man aus Cosmarchia nach Gyaros wandern, wo dann der Rest dieses erbärmlichen Lebens hingeschleppt werden muß*« (S. 162). In diesem Satz benennt und verfestigt sich Bidermanns Komödie: Sie muß einerseits aufrecht erhalten werden, will man kein erbärmliches Leben führen, andererseits deutet die intertextuelle Anspielung auf Gyaros darauf hin, daß die Insel nicht nur Index für die Verbannung, sondern Symbol der in die Verbannung getriebenen stoischen Philosophie ist – dies bedeutete aber für die hochdifferenzierte Auseinandersetzung der Jesuiten mit dem Neustoizismus, daß sie sich zwischen Cosmarchia und Gyaros verorten müssen, zwischen der Herrschaft der Welt und jener Verbannungsinsel, die für den Stoiker Musonius, der auch die Komödienmetapher zu verwenden pflegte, der eigentliche Ort der Erfüllung wurde. Nimmt man also die literarische Topographie der Inhaltsangabe ernst, so erzeugt sich durch sie die Frage nach der Komödie als Lebensform.

6. Die Herrschaft über die Herrschaft (der Herrschaft)

Die Herrschaft über die Herrschaft zu erlangen, ist bereits die Losung der Cosmopoliten, denn sie sind die wahren Basisdemokraten, die turnusgemäß Herrschaft limitieren, und darin liegt der Reiz der *Cosmarchia* bis heute, daß ihr Gegner kein leicht zu erledigender Pappkamerad ist, sondern daß es sich um ein echtes Problem der politischen Philosophie handelt: Herrschaft wird gerade an diejenigen geschickt delegiert, die in sie keine begriffliche Einsicht gewinnen, sondern nur herrschen wollen wie Polytharses, die aber auch jenen zugesprochen wird, die wie Promethes gar nicht herrschen wollen und können. Das aber bedeutet nicht etwa, daß solche Herrschaft auf blindem Zufall beruhe, sie ist ganz im Gegenteil philosophisch gut begründet – die Diskussion in (I, 4) belegt deutlich, daß die Cosmopoliten genau darum wissen, daß Herrschaft mit dem Vergessen-Können der eigenen Grundlagen identisch ist.[6] Die Comopoliten zwingen einzelnen die Herrschaft auf, um desto besser selbst herrschen zu können – damit kommt es zu einer interessanten Spiegelung des Geistes mit sich selbst, denn es handelt sich bei den Cosmopoliten nur um die säkulare Variante der Herrschaftsstruktur des Jesuitenordens, die zum Wohl der Menschheit einen machiavellistischen Glaubensimperialismus propagierte: Bidermanns Kritik richtet sich gerade nicht gegen den Betrug der Cosmopoliten, es geht ihm vielmehr darum, schneller zu betrügen als die anderen, soll die Herrschaft weiterhin der Kirche zukommen. Dadurch erzeugt sich freilich ein ewiger Konflikt der Jesuiten mit sich selbst, der im *Cenodoxus* noch deutlicher zum Austrag kommt: Hybris wäre es, die Herrschaft über das Universum an sich reißen zu wollen; aber wenn auch die Komödie eine solche Selbstüberheblichkeit einzelner Gelehrter lächerlich machen kann, so ändert sich das, wenn es ein Kollektiv solcher Gelehrter zu bekämpfen gilt, die es, wie Lipsius, verstehen, die Fürsten auf ihre Seite zu ziehen, d.h. die Herrschaftshybris muß zumindest spielerisch bewältigt werden, soll sich eine Herrschaft über den Herrschaftswahn bilden; philosophisch allerdings erzeugt sich dadurch jener infinite Regreß, den nicht nur die Jesuiten, sondern auch die politische Philosophie als ihre eigene Konstitution anerkennen mußte: Denn obwohl die Begründung von Herrschaft zu infiniten Regressen führt, so beteiligt sich doch jedermann an dieser Grundlosigkeit, pointiert formuliert: Bloße Halluzinationen können in sozialpragmatischer Hinsicht durchaus »real« werden. Das »Gute«, so die Konsequenz des Jesuiten Bidermann, läßt sich einer als von Grund auf pervertiert angesehenen Wirklichkeit nicht predigen, sondern nur aufzwingen. Die Gewaltsamkeit des als »gut« angesehenen mußte für Bidermann jedoch besser begründet sein als das zuvor geführte Verfahren der Inquisition: Nicht mehr harte Gesetze, sondern die Komödie als Experimentierfeld bestimmen Bidermanns geistige Auseinandersetzung mit einem Gegner, der ihm selbst allzuähnlich ist: »*Den Gesetzen aller anderen Völker zuwider haben die Cosmopoliten die Gewohnheit von ihren Vorfahren übernommen, daß sie sich jedes Jahr einen König verschaffen, den sie nicht etwa aus ihrer Mitte wählen, sondern ihn blind aus denjenigen Fremden aussuchen, die sie besuchen.*« (S. 160) Dieser Rekurs auf das Völkerrecht ist interessant, weil er der Struktur von Gesellschaften wie dem Jesuitenorden zutiefst widerspricht. Ihnen ist es undenkbar, daß es eine letzte normative Basis wie das Völkerrecht gibt, sondern sie nehmen es als gleichsam notwendig an, daß noch etwas darüber hinaus liegt.[7] Motiviert wird diese Annahme bei Bidermann dadurch, daß auch der aufrichtige Mensch, so lautet die Grundthese der der *Cosmarchia* vorangestellten Inhaltsangabe, nicht natürlicherweise aufrichtig sei, vielmehr habe ihn die soziale Umwelt denkbar schlecht ausgestattet, sich »*von einer kriecherischen Meute umgeben und inmitten devoter Schmeicheleien*« (S. 161) langsam an die Herrschaft zu gewöhnen. Das Völkerrecht als *ultima ratio* rechtlichen und öffentlichen Handelns läßt sich daher auf »natürliche« Weise nicht rekonstruieren, denn eine von Herrschsucht, Habgier und Ehrgeiz erfüllte Meute wird nie von sich aus ein über ihr stehendes Gesetz akzeptieren. Grund für Bidermanns Diskrepanz zwischen der Berufung auf das Völkerrecht und seiner faktischen Subversion durch die Struktur einer Organisation, die wie Cosmopolis ihren eigenen geheimen Gesetzen folgte, war – so scheint es zumindest – eine Anthropologie des Mißtrauens, die davon ausging, daß der Mensch zum selbständigen Erwerb des göttlich begründeten Gesetzes nicht fähig sei, und diese Annahme tritt in Widerstreit sowohl zu einer Theologie, die an die Selbsterziehungskompetenz des Menschen allein darum glauben muß, weil ihr Gott den Menschen gut geschaffen hat; sie widerspricht aber auch der Auffassung von der Komödie als Perfektionsinstrument. Bidermann balanciert diese Widersprüche so aus, daß er in der Komödie eine Kunst der Menschenbeobachtung nach dem Grad ihrer Vertrauenswürdigkeit entwickelt. Die sozialen Umweltbedingungen, die den Charakter von Herrschaft bisher geprägt haben, sollen durch eine kleine Elite, die solcher Herrschaft abgesagt hat, und mit den Mitteln der Komödie beendet werden.

Inwieweit dadurch eine Lösung des infiniten Regresses der Herrschaftskontrolle erfolgt, ist unsicher, weil unklar bleibt, ab wann und wie das deliberative Denken die Herrschaft über die dezisionistische Aktion erlangen kann:

»Jeder, der denkt, hat sich schon gegen uns entschieden« (S. 174). Nimmt man diese Gewaltbereitschaft und apriorische Kommunikationsverweigerung der Cosmopoliten ernst, dann steht nur ihre Entscheidung zum Nicht-Denken gegen die Entscheidung zum Denken, d.h. es dürfte in den meisten Fällen unmöglich sein, wie Bidermann diejenigen Motivationen durch eine Komödie rekonstruieren zu wollen, die zu Allmachtsansprüchen führen. Denn damit wäre zugleich deren Transformation in ein vernünftiges, d.h. gemeinsam beratendes Gespräch gelungen, und eine so verstandene Komödie machte sich damit selbst überflüssig.

7. Die disziplinierte Schrift

Auf den ersten Blick könnte man meinen, daß Bidermann seinen Gedanken der Rekonstruktion der Welt-Herrschaft durch die Komödie in dramaturgischer Hinsicht unbeholfen durchführt. Nicht nur fällt bei seinen Dramen auf, daß sie immer wieder mit denselben Versatzstücken operieren, unentschuldbar scheint zu sein, daß in Akt IV, 5 Promethes seinen Freunden einen unsinnigen Auftrag gibt, wenn er sie zu einem Bettler schickt, von dem sie nicht weitere nützliche Informationen und Hilfsmittel bekommen, sondern nur soviel erfahren, wie Promethes schon acht Monate zuvor. Ist Bidermann durch seine modulare Textherstellung in der zeitlichen Organisation seiner Stücke durcheinandergekommen? Auf den besonderen Fall von Akt IV, 5 bezogen ist auch denkbar, daß sowohl die Traumatisierung Promethes' als auch die ewige Lehre des Bettlers, zu der immer wieder zurückgekehrt werden muß, angemessen dargestellt werden. Die fortwährenden Umarbeitungen Bidermanns lassen erkennen, daß er die Idealform einer Einteilung in je sieben Szenen pro Akt vor Augen hatte. Dies ist nicht bloße Spekulation, denn die Textverarbeitung der frühen Neuzeit verfährt insgesamt wesentlich disziplinierter als unsere gegenwärtigen Vorstellungen vom Schreiben: Zuerst wird der Inhalt, das *argumentum*, das Ziel des Textes angegeben, sodann die *dispositio* des Stoffes erstellt – konkret zeigt sie sich im Falle des Dramas in der Einteilung in Akte und Szenen. Inhaltlich auf die *Cosmarchia* bezogen könnte man folgende Dreiteilung vorschlagen: Zunächst die Befreiung des Geistes von alltäglichen Vorstellungen durch die Konfrontation mit dem Traumargument der skeptischen Tradition, dann die Hinwendung zum eigentlichen Argument, durch die Glaubwürdigkeit der Fabel, schließlich das Argument selbst, die Lehre, unter dem Aspekt der Ewigkeit zu handeln und die damit verbundene unbequeme Einsicht, hierzu vertraute Vorstellungen fallen lassen zu müssen; erst nach der *dispositio* begibt man sich dann an die eigentliche konkrete Ausarbeitung, die *elocutio*, und sie ist bei Bidermann wesentlich durch das Einfügen bekannter Versatzstücke bestimmt, die sich bei ihm und anderen Autoren bereits finden.

Das 17. Jahrhundert spricht hier nicht von »Plagiat« oder »Epigonalität«, wesentlich ist ihm vielmehr die Fortschreibung der Selbstreferenz der Dichtung, wie sie sich bereits im zehnten Buch der *Aeneis* findet, auf das sich Bidermann in der *Cosmarchia* durch ein Zitat in (II, 6) bezieht. Das Ende dieses Aktes ist zentral, da hier die Frage nach der Voraussicht gestellt wird. Promethes entgegnet der Voraussicht, daß er ja paranoid wäre, wenn er sich dauernd gefährdet glaubte. Die Voraussicht aber weist ihn nicht weniger vernünftig darauf hin, daß es keine Sicherheit gebe, und kritisiert implizit die natürliche Neigung des menschlichen Geistes, sich selbst zu sehr zu vertrauen, um nur dem Konflikt mit dem Paranoia-Problem, das sich kaum auflösen läßt, aus dem Wege zu gehen, und so glaubt man wie Promethes, das Glück sei mit den Mutigen. Daß das Glück so verfahre, ist aber nicht etwa eine unproblematische Lebensweisheit des Volkes, sondern ein Zitat, durch das Bidermann einen Kommentar über die Figur Promethes und die Funktion der Komödie insgesamt bildet. Das Glück ist genauer gesagt nur dann mit den Mutigen, wenn der Kontext, in dem dieser Satz geäußert wird, berücksichtigt wird: Der Rutulerfürst Turnus wird im zehnten Buch der *Aeneis* in einen Scheinkampf gegen Aeneas verwickelt – denn Juno stellt ihm ein Trugbild des Aeneas entgegen, so daß seine Kräfte gebunden sind und der wahre Aeneas den Verbündeten des Turnus, Mezentius, der nun die Hauptlast des Kampfes tragen muß, verwunden und schließlich töten kann. In der Dichtung wird also bereits selbst eine Dichtung vorgeführt, die das Glück des Mutigen wesentlich abhängig macht von der dichterischen Erzeugung von Trugbildern, *simulacra*. Simulacren sind damit eine Bezeichnungsmöglichkeit der Dichtung selbst, die zu einem infiniten Regreß führt und zudem in Interferenz mit der Insignienlehre gerät.

Was ist der Sinn solcher Komplexität? Die Kritik der Voraussicht zielt (wie die vielen Experimente mit Träumen und Insignien in der *Cosmarchia*) auf eine Anamnese, in der die Wiedererinnerung des schon Gewußten ein verläßliches Orientierungswissen über die Zukunft bildet: Dem Leser, nicht aber Promethes selbst, kann durch die genannte Stelle die Auslegungsbedürftigkeit einfacher Handlungsmaximen und ihre Relativierung durch den weiteren Verlauf des Geschehens deutlich werden. Das ist Bidermanns Kunst der Zitation, die erst die Frage beantworten hilft, worin die Disziplin der Schrift zu sehen ist; sie bedeutet nicht die apriori gegebene *dispositio*, sondern erfüllt sich erst durch die Wiedererweckung der Wahrheit im Rezipienten, und dies kann durch die problematisierende Darstellung bereits bekannter Stellen der Weltliteratur sowie durch die Reproduktion von Zitaten durch die Reden der dramatischen Figuren gelingen. Der intertextuell gewebte Text lehrt also eigentlich nichts Neues und dennoch kommt Bidermanns Lehre ohne ihn nicht aus: Denn nach ihr pervertieren Zeichen dann zu trügerischen Insignien, wenn sie in ihrer Zeichenhaftigkeit nicht als solche anerkannt und für das Bezeichnete selbst gehalten werden oder auch, wenn nicht anerkannt wird, daß Zeichen und Bezeichnetes nicht in einer einfachen Relation stehen, sondern wesentlich durch eine dritte kognitive Instanz, den Geist, vermittelt sind. Die Aufgabe des Geistes und die Rechtfertigung der Komödie liegen darin, sich der eigenen, nur durch Zeichen vermittelten Geschichte adäquat zu erinnern.

Es gibt bislang keine solche wahre Erinnerungsgeschichte des Geistes, die ihre eigenen Ursachen so anzugeben vermöchte wie die Wissenschaft von der Natur die ihr selbst fremden Ursachen exakt zu beschreiben weiß. Für die Philosophie kann immer nur in Ansätzen eine *poietike techne* entwickelt werden, die mit der getreuen Wiedergabe historischer Zeichen zugleich sich selbst realisierte: Bidermanns Kunst der Zitation in der *Cosmarchia* ist hierfür ein ewig junges Beispiel.

Anmerkungen

1 Walter Benjamin: *Gesammelte Schriften*. Unter Mitw. v. Th. W. Adorno u. G. Scholem hgg. v. R. Tiedemann u. H. Schweppenhäuser. Frankfurt/M. 1991. Band I, 1. S. 259 [*Ursprung des deutschen Trauerspiels*].
2 Benjamin (1991: I,1: 246). [*Ursprung des deutschen Trauerspiels*].
3 Der gesamte dritte Abschnitt des Trauerspielbuches belegt dies.
4 Gotthold Ephraim Lessing: *Werke*. In Zusammenarbeit mit K. Eibl [...] hgg. v. H. G. Göpfert. Bd. III. *Frühe kritische Schriften*. S. 396. [*Die Gefangnen des Plautus*].
5 Jacob Bidermann: *Ludi theatrales 1666*. Hg. v. R. Tarot. Bd. I. Tübingen 1967. S. 15*.
6 Hinweise auf diese scheinbare Paradoxie der Selbstvergessenheit der Herrschaft dazu bei Niklas Luhmann: *Macht*. 2. durchg. A. Stuttgart 1988.
7 Vgl. hierzu die besonders unter dem Aspekt von Schrift und Geheimnis interessante Studie von Georg Simmel: »Das Geheimnis und die geheime Gesellschaft.« In: *Soziologie. Untersuchungen über die Formen der Vergesellschaftung*. 4. A. Berlin 1958. S. 256-304.

Literaturhinweise

Ausgaben und Übersetzungen

Jacob Bidermann: *Cosmarchia*. Ed. and transl. by Thomas W. Best. Bern 1991.
Jakob Bidermann S. J.: *Das Reich der Erdenbürger. (Cosmarchia)*. Aus dem Lat. übers. v. P. Stephan Schaller O.S.B. Ettal 1956.
Jakob Bidermann: *Ludi theatrales. 1666*. Hg. v. Rolf Tarot. Bd. 1. Tübingen 1967. S. 160-213.

Untersuchungen

Dünnhaupt, G.: *Bibliographisches Handbuch der Barockliteratur*. 3 Bde. Stuttgart 1980.
Emmerling, H.: *Untersuchungen zur Handlungsstruktur der deutschen Barock-Komödie*. Diss. Saarbrücken 1961.
Haas, C. M.: *Das Theater der Jesuiten in Ingolstadt. Ein Beitrag zur Geschichte des geistlichen Theaters in Süddeutschland*. Emsdetten 1958.
Lenhard, P.-P.: *Religiöse Weltanschauung und Didaktik im Jesuitendrama. Interpretationen zu den Schauspielen Jacob Bidermanns*. Frankfurt/M. 1976. S. 314-436.
Rädle, F.: *Review of Valentin: »Théâtre de Jesuites«*. In: *Literaturwissenschaftliches Jahrbuch der Görres-Gesellschaft* 21 (1980). S. 387-402.
Szarota, E. M.: *Das Jesuitendrama im dt. Sprachgebiet. Eine Periochen-Edition. Texte. Kommentare*. Bd. 1. München 1979.
Valentin, J.-M.: *Die Jesuitendichter Bidermann und Avancini*. In: *Deutsche Dichter des 17. Jahrhunderts*. Hg. v. H. Steinhagen u. B. v. Wiese. Berlin 1984. S. 385-414.
Valentin, J.-M.: *Le théâtre des Jesuites, repertoire chronologique. 2 Bde*. Stuttgart 1984.
Valentin, J.-M.: *Le théâtre des Jesuites. 3 Bde*. Bern 1978.
Wimmer, R.: *Jesuitentheater. Didaktik und Fest*. Frankfurt/M. 1982.

ÜBER DEN HERAUSGEBER

Christian Sinn, geboren 1962 in Pforzheim/Baden-Württemberg; PD Dr.; Studium der Neueren Deutschen Literatur und der Philosophie in Konstanz. 1993 erfolgte die Promotion *(Jean Paul. Hinführung zu seiner Semiologie der Wissenschaft)* und 2001 die Habilitation *(Dichten und Denken. Entwurf zu einer Grundlegung der Entdeckungslogik in den exakten und ›schönen‹ Wissenschaften)*. Promotionsstipendium des Landes Baden-Württemberg; 1995-2001 Beschäftigung an der Universität Konstanz als Hochschulassistent.

Forschungsschwerpunkte: Literatur des Barock und der frühen Neuzeit; Goethezeit und Romantik; Geschichte und Methodologie der Geisteswissenschaften; literarische Rhetorik und Rhetorizität der Philosophie; Schmerztheorie als Erkenntnistheorie.